TOUT DÉPRIMÉ EST UN BIEN PORTANT QUI S'IGNORE

Du même auteur

Les Cinq Clés du comportement. Construire soi-même son optimisme, Livre de poche, 2015 (Édition originale : *Les Secrets de nos comportements*, Plon, 2011).

Réveillez vos désirs. Vos envies et vos rêves à votre portée, Plon, 2014 ; Livre de poche, 2015.

Changer en mieux. Les Dix Chemins du changement positif, Plon, 2011 ; Livre de poche, 2013.

Du plaisir à la dépendance. Nouvelles addictions, nouvelles thérapies, La Martinière, 2007 ; Points Seuil, 2009.

www.editions-jclattes.fr

Pr Michel Lejoyeux

TOUT DÉPRIMÉ EST UN BIEN PORTANT QUI S'IGNORE

JC Lattès

Ouvrage publié sous la direction de Muriel Hees

Maquette de couverture : atelier Didier Thimonier

ISBN : 978-2-7096-4918-6

Sommaire

Il est difficile de trouver le bonheur en nous,
mais impossible de le trouver ailleurs.

Chamfort

1.

FAITES LA DIFFÉRENCE ENTRE UN COUP DE DÉPRIME ET LA DÉPRESSION

L'action n'apporte pas toujours le bonheur.
Mais il n'y a pas de bonheur sans action.

Benjamin Disraeli

Tout déprimé est un bien portant qui s'ignore. Paradoxe ? Pas si sûr ! Il y a en nous une capacité à traverser sans encombre les coups de déprime, de tristesse, de nostalgie ou de regret. Nous avons des pouvoirs de résistance inexploités, même quand tout paraît aller de travers. C'est ma conviction, nourrie par ma pratique de la médecine et de la psychiatrie. Elle est confirmée par les expériences les plus récentes sur le cerveau. Le bon sens médical et psychologique est plus utile qu'on ne le croit.

La déprime passagère est normale et ne relève en rien de la maladie. Celles et ceux qui n'en sont pas assez convaincus croient qu'une vie normale n'est jamais qu'un long fleuve tranquille. Ils vous parlent de leur moindre accès de blues, vous le racontent en détail et tentent de vous rendre aussi triste qu'eux.

Qui n'a jamais subi les assauts répétés de ces militants de la morosité qui se plaignent en boucle et entretiennent leur déprime comme d'autres leur santé ?

Qui n'a pas parmi ses amis ou dans sa famille un homme ou une femme qui, sans complexes, répand sur vous avec gourmandise ses prédictions catastrophiques, ses états d'âme désespérants et désespérés ?

Ils ou elles sont mécontents de tout, d'eux-mêmes, de leur famille, de leur travail, du monde qui ne tourne pas dans le bon sens.

Ils vous (nous) épuisent, nous saturent, d'autant que nous ne savons que leur répondre. Nous n'avons rien d'autre à leur opposer que notre agacement ou notre impatience.

À celui ou celle qui aurait l'imprudence de leur demander comment ils vont, ils répondent l'air défait : « On fait aller... »

Plutôt que de dépenser tant d'énergie à se plaindre, ils pourraient trouver, comme vous allez le faire avec les explications de ce livre, une nouvelle manière de vivre et comprendre leurs émotions négatives.

Les coups de blues ne s'installent pas quand on leur oppose quelques techniques simples, validées maintenant par des études rigoureuses. La déprime qui dure n'est plus une fatalité. Elle n'est pas non plus une maladie à soigner avec des traitements lourds.

Je vois de plus en plus souvent en consultation des hommes et des femmes qui se demandent s'ils ne sont pas déprimés simplement parce qu'ils ont l'impression de ne pas vivre à 100 % leur potentiel d'énergie.

Pourtant, ils ne sont pas malades.

Ils se trompent sur eux-mêmes. Ils ne savent pas voir et reconnaître leurs qualités ni les utiliser pour muscler leur bonne humeur.

Nous avons toujours en nous plus d'énergie que nous le croyons. J'en suis sûr, et je vais vous en convaincre.

Apprendre à apprivoiser ses états d'âme

Les états d'âme ne sont pas une maladie comme la dépression. Ils ne s'expliquent pas par un désordre de la biologie, une erreur du cerveau ou un malaise dans la société.

Celles et ceux qui connaissent de temps à autre des bouffées de tristesse ne m'inquiètent pas. Ils ont une vie d'« être humain » avec ses complications et ses désagréments inévitables. Je suis plus inquiet pour ceux qui affirment aller toujours bien, sans jamais de doute ni de stress.

Je me demande ce qu'ils cachent ou se cachent. Il n'y a que les robots et les grands malades qui n'ont pas de coups de blues. C'est un indice de bonne santé et de « normalité » que d'avoir des accès de déprime... pas trop graves et pas trop prolongés.

Mais on est encore en meilleure santé si l'on apprend à ne pas s'installer dans ses périodes sombres.

En 1969, face au général de Gaulle qui quittait le pouvoir, son ministre de la Culture André Malraux disait : « Tout le monde a été, est ou sera gaulliste. » Aujourd'hui, je ne sais pas si l'on est encore gaulliste mais tout le monde a connu, connaît ou connaîtra des moments de mal-être... Et tout le monde peut et pourra apprendre à en sortir grâce à un style de vie et un entraînement adaptés.

Vue de ma fenêtre de médecin, la santé de l'esprit n'est pas un idéal que l'on atteint et dans lequel on s'installe. C'est une énergie cachée en soi que l'on finit par retrouver malgré les embûches, les accidents de la vie, les fausses pistes et les regrets. On ne conquiert pas son cerveau comme un continent inconnu sur lequel on planterait un drapeau. On apprend à vivre en bonne entente avec lui à petits pas, avec des recettes en apparence banales, des expériences de détente et de méditation originales, faciles à appliquer mais redoutablement efficaces.

La seule guérison possible de la déprime est une « guérison raisonnable ». Elle consiste à corriger les erreurs que l'on commet sur soi et à découvrir comment une nouvelle manière de se nourrir, faire de l'exercice, anticiper, se voir et voir les autres, chasse les émotions négatives.

Il faut écarter ce qui nous met vraiment en danger et trouver ce qui, dans notre environnement, notre cerveau et même notre intestin, nous installe dans le bien-être. On peut, en mettant en pratique les résultats d'expériences toutes récentes, se servir d'antidépresseurs naturels, apprendre à vivre à fond ses moments heureux, s'en souvenir et stimuler, sans médicament ni chimie, les neuromédiateurs qui portent la bonne humeur.

Vous avez accepté l'idée qu'un régime, un style de vie, une manière de bouger, de penser protègent la santé du cœur. Vous allez découvrir que la santé de votre esprit, le pouvoir de traverser ou chasser vos émotions négatives sont aussi à votre portée. Il existe une médecine préventive pour la santé de l'esprit comme pour la santé physique. Encore faut-il en connaître les principes, qui relèvent souvent du bon sens. Il faut aussi savoir les mettre en pratique.

Les poètes et bien d'autres artistes cherchaient à faire pousser des fleurs sur leur mal de vivre, à nous le faire partager. Ils nous accompagneront pour donner à la recherche de la bonne santé, en plus des études médicales, le supplément d'âme, de sens, la pointe de magie, de spiritualité et de mystère sans laquelle aucun moment n'est complètement heureux.

Il faut un peu de tristesse et d'insatisfaction pour progresser, changer, se remettre en question. Il faut suffisamment d'énergie et de confiance en soi pour utiliser sa tristesse, en faire son miel ou son incitation à agir. Si Charles Baudelaire n'avait pas connu la déprime, aurait-il eu l'idée de ce poème ?

Sois sage, ô ma Douleur, et tiens-toi plus tranquille.
Tu réclamais le Soir ; il descend, le voici

Tout ce que vous devez savoir sur la déprime pour ne plus la subir

> *On ne se console pas de ses chagrins, on s'en distrait...*
> *... Il faut secouer la vie, autrement elle nous ronge.*
>
> Stendhal

Nous venons au monde avec un cri. Nous avalons notre première bouffée d'oxygène en hurlant et notre vie va continuer, à tous les âges, à nous fournir des motifs de mécontentement et de frustration que nous allons devoir apprendre à dépasser.

Il n'y a rien de morbide au fait de les passer en revue. Nous gardons l'envie de crier et il n'y a rien d'inquiétant dans ce désir. C'est en comprenant de quoi la déprime de tous les jours est le nom que l'on trouve l'énergie de la dépasser.

Les deux formes de mélancolie

Il est des mélancolies douces, dans lesquelles on s'emmitoufle, qui tiennent compagnie, qui offrent un drôle de plaisir et donnent du sens à la vie. Cette mélancolie, Victor Hugo l'écrit bien, c'est le bonheur d'être triste. Il est d'autres états qui sont du registre de la vraie douleur. Les mélancolies « médicales » sont des maladies où l'on perd son énergie, son envie de vivre, sa confiance en soi. Quand un médecin parle de mélancolie, il pense à une maladie qui se soigne tandis que le poète n'y voit qu'un soupçon de tristesse.

Pour l'écrivain Roland Barthes, grand observateur de nos habitudes et de nos travers, déprime et dépression n'ont rien en commun. La mélancolie la plus grave n'a « aucun rapport avec la déprime insidieuse et somme toute civilisée des amours difficiles ; aucun rapport avec le *transissement* du sujet abandonné : [dans la dépression maladie], je ne flippe pas, même dur. C'est net comme une catastrophe : "Je suis un type foutu !" »

Une grande différence entre la déprime et la dépression est la durée. Le diagnostic de maladie dépressive ne s'envisage qu'après plusieurs mois de tristesse et de perte d'envie (au minimum trois et plus souvent six). La déprime, elle, vient par bouffées, par accès. Si inquiétante soit-elle, elle ne s'installe pas.

Le doute sur sa santé est un signe de bonne santé. Le grand mélancolique, malade de sa déprime, lui ne doute de rien. Il est persuadé d'être indigne, responsable de ses malheurs et de ceux du monde. Le déprimé moderne hésite. Il ne va pas aussi loin dans la fatigue d'être soi. Il se demande s'il est normal de trouver systématiquement les demi-verres à moitié vides. Il va devoir apprendre que le doute lui profite. S'il n'est pas toujours sûr d'être malade, c'est bien parce qu'il ne l'est pas. Son débat intérieur, ses hésitations ne sont pas des signes de maladie. C'est le bien portant non reconnu en lui qui se débat, qui se défend.

Le psychiatre français Jean Delay faisait la différence entre déprime et dépression. Il y a d'un côté la maladie : la dépression est une douleur de l'esprit qui ressemble à une douleur physique. Elle fait vivre sans plaisir dans l'attente de la mort. Et il y a de l'autre la déprime qui peut ressembler au spleen littéraire, à la délectation morose.

Les écrivains et les poètes ne confondent pas déprime et dépression. Ils se nourrissent de leur tristesse littéraire. Leur déprime, ils en vivent. Ils prennent l'air grave mais continuent à enchaîner les succès. Françoise Sagan a lancé sa carrière de romancière avec *Bonjour tristesse*. Elle est devenue une spécialiste des histoires d'amour contrariées : « Sur ce sentiment inconnu dont l'ennui, la douceur m'obsèdent, j'hésite à apposer le nom, le beau nom grave de tristesse. » Avec la déprime elle tient tous ses sujets de romans : « La tristesse, écrit Sagan, m'a toujours paru honorable. »

L'effet vodka ou l'effet anisette

Un petit nuage de déprime flotte normalement au-dessus de notre tête. Il s'assombrit quand il pleut, quand nous sommes fatigués ou que nous nous sentons seuls. Il nous suit mais ne nous empêche pas de travailler, d'aimer ou de rencontrer des amis. Chacun de nous traîne avec lui cette touche de gris ou de blues. La différence tient à la manière dont on vit avec. Le bien portant ne fait pas disparaître son nuage. Mais il sait que la tristesse ne l'empêchera pas d'éprouver d'autres émotions. Il est passé de l'effet anisette à l'effet vodka. Une simple goutte d'anisette trouble l'eau. Pour celui qui a développé son aptitude à la bonne humeur, un coup de déprime est pris comme une goutte de vodka. On sent à peine son goût quand elle est diluée dans un jus de fruits. Tout juste donne-t-elle un arrière-fond d'amertume que l'on peut apprendre à trouver agréable... Avec modération évidemment !

Ces deux mélancolies ont-elles des relations, celle qui occupe et celle qui accable ? Je n'en suis pas si sûr. L'une, la déprime insidieuse ou civilisée, est le résultat d'un faux regard porté sur soi, ses amis, ses émotions, l'autre est une rupture plus ou moins brutale avec un mode de vie jusque-là sans histoires. Quand des amis ou des patients me demandent mon avis sur ce qu'ils appellent leur « coup de moins bien », je sais qu'il ne va pas être simple ni rapide de leur dire si leur angoisse relève d'un état d'âme ou d'une maladie. Que cachent-ils derrière la crise d'adolescence, la peur d'entrer dans la vie active, le blues de la cinquantaine ou de la soixantaine, la peur de la retraite, les soubresauts du couple, le stress au travail, la remise en cause du sens de leur vie ? Il faut un peu de temps pour faire la part des choses entre ce qui relève du jeu normal des émotions ou de l'impasse psychologique dont on ne sort qu'avec une aide.

Les réponses que je vous suggère ici s'adressent plus à la mélancolie, au sens existentiel, qu'aux formes les plus graves des maladies de l'humeur. Mais ces expériences d'antispleen, anticulpabilité, antiperfectionnisme ne seront pas inutiles non plus à celles et ceux dont la souffrance est plus profonde.

La dépression est une perte, la déprime est un oubli

Quand le pianiste Vladimir Horowitz tombait dans des accès de mélancolie, il restait dans son lit et perdait sa capacité à jouer du piano. Il a presque complètement arrêté de jouer entre 1935 et 1939 et en 1953, puis 1965. Bien différents sont les états d'âme que connaissent tous les créateurs, musiciens ou autres. Ils passent par des moments de silence, de remise en question, de retour sur eux-mêmes dont ils vont se servir pour retrouver une parole forte, une originalité, une capacité à se dépasser. Le silence peut être un temps de concentration, d'inspiration ou la souffrance de celui ou celle qui ne peut plus et presque ne sait plus parler.

Vladimir Horowitz a pu retrouver son talent et sa bonne humeur. Les déprimes quotidiennes sont bien moins graves. Il n'y a rien à retrouver parce que rien n'est perdu. Il faut, seulement, si j'ose dire, se rappeler ce que l'on est, ce que l'on vaut et ce que l'on va devenir. La déprime n'est donc pas une *perte* mais un *oubli*, une mise entre parenthèses. C'est une erreur de jugement, un triple oubli :

Oubli de ses désirs :

Les plus négligés sont les désirs les plus légers, les plus amusants, les plus plaisants, des loisirs à la sexualité, de la futilité à l'envie de rire pour rien. Dans les formes les plus graves de mélancolie ou de dépression caractérisée, l'oubli des désirs peut aller beaucoup plus loin, jusqu'à la perte des besoins vitaux comme la faim ou le besoin de sommeil.

Oubli de ses qualités :

La déprime fait douter de ses qualités physiques, intellectuelles, de son charme, de sa capacité à se faire des amis et à tomber ou retomber amoureux. Les plus grands mélancoliques ignorent tellement leur valeur qu'ils se demandent s'ils méritent leur salaire. J'ai vraiment vu des grands déprimés proposer à leur patron de moins les payer parce que leur travail ne valait pas ce qu'on leur donnait. Je me permets aussi de dire à celles et ceux qui ne se trouvent pas assez payés que c'est un signe de bonne santé que leur révolte légitime !

Oubli de ses actions et de son énergie :

La déprime donne le sentiment d'être trop lent, paresseux, inactif, fatigué en permanence. On oublie les résultats positifs de ses actions. La mélancolie ou la très grande déprime ne voit que les erreurs, les tâches inachevées et rien de ce qui avance ou est en préparation.

Chacune de mes rencontres avec un homme, ou une femme, déprimé me conduit à le faire douter de ses erreurs sur lui-même et à remettre en cause le regard que portent sur lui ses proches.

Tout commence par le moment où il me raconte ce qui lui manque, ce qu'il a raté, ce qu'il aurait dû faire, ce qu'il regrette. Son futur ne vaut pas mieux que son passé. Puis il se met à hésiter. Est-il vraiment aussi atteint qu'il le croit et essaie de le faire croire ? Je l'observe et je trouve en lui des qualités qu'il ne peut pas encore voir. En peu de temps, c'est lui-même qui va retrouver des talents qu'il croyait envolés. Il va même recommencer à se servir de ses qualités, de son charme, de son énergie. Il y a en lui plus de gaieté qu'il n'ose se l'avouer, plus d'avenir, plus de possibilités. Il lui faut pour cela accepter de faire un petit pas de côté, de changer de manière de raisonner et de chercher d'autres émotions.

Faire la différence une fois pour toutes entre la bonne santé, la déprime et la dépression maladie		
Bien portant	**Déprime**	**Dépression maladie**
Désirs		
Désir précis Réalisable Communicable	Difficile à satisfaire Difficile à exprimer	Perte du désir
Amours		
Vécu dans l'ici et maintenant et avec des projets	Attente d'un partenaire idéal ou envie d'une autre vie, jalousie, peur d'être abandonné	Se croit impossible à aimer ou incapable d'aimer
Travail		
Alterne effort, concentration et repos	Fuite dans le travail, peur de ne pas être à la hauteur ou d'être un imposteur	Perte de la concentration, sentiment d'être incapable
Temps		
Trouve du plaisir dans l'instant présent	Manque toujours de temps pour finir	Vit un temps interminable et s'ennuie
Énergie		
A assez d'énergie pour son travail et ses loisirs	Fébrile avec trop d'énergie inutile et des coups de fatigue	Impression de perte d'énergie

L'envie d'une autre vie

L'envie d'être autrement peut affecter la vie amoureuse, le travail ou l'amitié. Il y a deux manières d'être mécontent de soi. L'insatisfaction productive est un carburant. Elle fait changer, avancer, bousculer ses manies ou certitudes. Il y a aussi une insatisfaction stérile qui ne conduit qu'à répéter des ruptures professionnelles, des histoires d'amour impossibles.

La psychologie moderne suggère une réponse active face à cette expression de la déprime. Nous verrons dans les chapitres qui suivent comment mettre en place et en pratique une « dynamique du contentement », une façon de muscler son aptitude au bonheur qui n'a rien de naïf ou d'artificiel.

Dans les moments de remise en cause, il n'est jamais inutile non plus de faire appel à la science « dure » et aux expériences indiscutables. Le cerveau triste n'est pas malade. Aucune autre partie de son corps n'est abîmée. Toutes ses fonctions vitales sont en ordre de marche. Il n'est pas paralysé, seulement parfois assoupi. Ses talents n'ont pas disparu. Il se les cache, ne les utilise pas ou ne les reconnaît pas. Les examens biologiques ou radiologiques qu'on peut faire sont normaux. Il va suffire qu'il change son regard sur lui-même pour se rendre compte que la santé ne l'a pas abandonné.

Des réponses simples et de bon sens face à la mélancolie naturelle

Trois réponses simples et de bon sens commencent à tenir la déprime en respect.

La première est un pari sur l'avenir : accepter que les émotions désagréables n'ont qu'un temps. Un coup de déprime finira forcément par passer et la bonne humeur ou la bonne santé reprendront le dessus.

Une autre défense se sert du passé. Nous avons déjà connu des émotions négatives et nous avons su ou pu les dépasser.

La dernière arme antidéprime consiste à s'entraîner à investir, déguster l'instant présent. On y trouve avec un peu d'attention des plaisirs que l'on n'avait pas remarqués quand on était trop occupé à se plaindre. C'est dans ce registre que se situe l'action de la méditation et du travail sur la voix intérieure dont nous allons voir des exemples.

Enfin, on peut et doit accepter l'idée que le mécontentement est une émotion normale. Ne pas se sentir malade quand on est frustré ou fâché est déjà une manière d'aller mieux !

Repérez vos moments à risque de blues

Aucun état d'âme n'est permanent. Il apparaît ou disparaît selon les moments de la journée ou les circonstances. La déprime n'échappe pas à cette règle.

Commencer à connaître ses périodes de déprime est une bonne manière de les mettre à distance et de ne pas se dire que l'on est malade quand elles arrivent.

Voici quelques situations de déprime ordinaires dans lesquelles tout un chacun peut se reconnaître… sans éprouver le besoin de se traiter en urgence.

• La déprime du matin :
Une nouvelle journée à accomplir apparaît comme une occasion agréable ou un obstacle impossible à franchir. Il y avait des écrivains qui faisaient des provisions de matin comme Jean-Paul Sartre et d'autres qui ne sortaient que le soir comme Marcel Proust.

• La déprime après une journée difficile au travail ou ailleurs :
Plutôt que de se détendre, de se relaxer, il y en a qui emportent chez eux le stress de la journée. Ils se concoctent leur petite déprime du soir comme ils se feraient un cocktail. Il est d'autres déprimes qui vous tombent dessus au crépuscule, entre chien et loup. L'humeur suit la courbe du soleil et décline avec lui.

• La déprime en société et pendant les fêtes :
Les déprimes solitaires sont encore plus dures à vivre quand on n'est pas seul. Rien n'est plus déprimant que d'éprouver un sentiment de solitude au milieu d'un groupe qui nous ennuie ou nous agace. C'est encore plus gênant quand ce sont des parents ou des amis que l'on est censé apprécier.

On trouve des grands accès de déprime en société dans les moments d'allégresse collective ou imposée.

Il y a la déprime des mariages, des autres fêtes familiales et des fêtes religieuses. Vous êtes entouré de personnes très excitées, trop euphoriques. Et vous ne vous sentez pas dans le coup. Au lieu de quitter l'endroit qui vous déplaît, vous insistez et essayez de tenir. Vous ruminez, vous boudez et vous vous enfermez dans votre coquille.

• Les déprimes de l'été ou de l'hiver :

La perte de l'ensoleillement crée chez certains des accès de cafard. D'autres ont une phobie de l'été et du retour des beaux jours comme annonce d'un temps de vacances qu'il va falloir meubler. Je rencontre autant de neurasthénies des plages que de déprimes des après-midi pluvieux.

La nostalgie ne tient pas ses promesses

La nostalgie est devenue une valeur centrale de la déprime. Qui oserait dire que la politique, l'économie, l'environnement vont mieux aujourd'hui qu'il y a vingt ou trente ans ? À nos politiques d'aujourd'hui, nous opposons au choix Vercingétorix, Napoléon ou de Gaulle. Que de panache dans le passé. Quelle gloire. Quelle déchéance dans le présent. Celles et ceux qui ne se plaignent pas du temps qui passe, qui ne regardent pas dans le rétroviseur, ceux-là sont des irresponsables. Ils n'ont rien compris et ne voient pas monter les nouveaux périls. La nostalgie contamine aussi la vie personnelle. Elle fait banaliser ses réussites actuelles et glorifier le temps perdu, l'enfance, la jeunesse, l'époque où tout était possible.

Au départ la nostalgie fait plaisir, donne un coup de jeune ou de fouet. Les têtes grises – et j'en suis un peu – tapent dans leurs mains quand elles réécoutent la musique de leur jeunesse. Rien de tel pour se consoler d'un après-midi vide et triste que d'aller voir dans un lieu impossible un film culte de sa jeunesse. Il est des cinémathèques qui ressemblent à des hôpitaux. On vient y soigner sa peur du temps qui passe et de la fin qui approche. Souvent on est déçu, mais on recommencera la semaine suivante. Ce syndrome de la réédition, du rétroviseur, de la contemplation des plaisirs passés peut devenir un poison de la bonne humeur quand il empêche de profiter de l'instant présent.

La nostalgie comme unique état d'âme ennuie et fatigue. Elle décuple ses motifs de regrets, pousse à les partager avec ses amis, en demandant à ses proches ce qu'ils regrettent le plus. Les nostalgiques finissent par être déprimants autant que déprimés. Le dîner de ce soir leur en rappelle un autre, passé, meilleur, qu'ils vont vous raconter en détail. Leurs plus belles vacances datent de l'enfance ou de l'adolescence et ils ne connaîtront plus jamais rien de pareil. Quant aux amours, rien ne leur fera oublier leur premier flirt. Dès qu'ils ont fini la litanie de leurs nostalgies, ils vont chercher les vôtres. En partant à la chasse des souvenirs déprimants, ils ne reviennent jamais bredouilles. « À quoi bon ? » pourrait être la devise de ces « faiseurs de *plaisantristes* » comme les appelait Serge Gainsbourg. À quoi bon essayer de vivre une expérience nouvelle ? Elle sera forcément moins intéressante, moins exaltante que ce qu'ils ont connu et qui est perdu.

La vie amoureuse offre des réserves inépuisables de nostalgie déprimante. Vous voulez vous en convaincre ? Réécoutez Serge Reggiani :

Il suffirait de presque rien
Peut-être dix années de moins,
Pour que je te dise « Je t'aime ».
Que je te prenne par la main
Pour t'emmener à Saint-Germain,
T'offrir un autre café crème.

Et si le moral tient encore, attendez le couplet suivant :

Il suffirait de presque rien,
Pourtant personne tu le sais bien,
Ne repasse par sa jeunesse...

On a décrit ce pli de l'esprit nostalgique comme le Syndrome de la Femme de Loth. Vous vous souvenez sans doute de l'histoire biblique. Abraham et sa famille ont été sauvés de Sodome et Gomorrhe à la condition de ne pas regarder derrière eux et de ne pas contempler la destruction du passé dont ils se délivraient. Tous ont respecté l'injonction divine, sauf la femme de Loth qui a voulu regarder en arrière. Elle a été punie en étant pétrifiée au sens propre : transformée en pierre.

Je mesure en consultation les progrès de la bonne santé et de la bonne humeur quand je vois reculer chez celui qui me parle la passion pour le passé. Il ose prendre du plaisir dans l'instant présent et finit même par accepter que l'avenir n'apportera pas seulement des motifs de regret.

Quel monde va-t-on laisser à nos enfants ?

La peur de l'avenir et le regret du passé sont les grands moteurs d'une autre forme de nostalgie, la dépression nationale, décrite, commentée et entretenue par les observateurs de l'actualité. Le climat se détraque. L'océan se pollue et vous voudriez malgré cela être optimiste et en bonne santé. Le pays se suicide et il est de plus en plus malade. Tout est fait pour vous convaincre que les coups de déprime sont le seul état d'esprit auquel vous avez droit.

Travaillez l'autonomie de vos émotions

La nostalgie collective est un virus dont vous pouvez vous protéger.

32

À cette grande manipulation, vous pouvez opposer l'*individuation*, la défense de votre personnalité. Les statistiques sur l'humeur des Français qui baisse ne sont que des moyennes. Elles n'ont rien à voir avec votre situation personnelle. Ce n'est pas parce que l'époque est moins optimiste que vous êtes condamné à la mélancolie.

Si vous lisez un journal ou suivez les parutions de votre site Internet préféré, vous recevez des incitations à la tristesse auxquelles il faut apprendre à résister. Vous devez travailler l'autonomie de vos émotions. Cela n'a rien à voir avec de l'égoïsme. L'individuation permet de faire la différence entre vos propres pensées et une déprime imaginaire collective que l'on tente de vous injecter. Trahissez ce pacte absurde qui veut que les individus ressemblent à une caricature. Une manière utile de se protéger est de fuir les débats, les commentaires, les réponses obligatoires et chaque jour plus agressives auxquelles vous invite Internet.

Vous n'avez pas non plus à céder à l'euphorie collective. Elle est aussi artificielle que la nostalgie et la déprime. Pas besoin d'être enthousiaste au moment des fêtes si elles ne vous plaisent pas ou quand une équipe nationale devient championne du monde d'un sport dont vous vous fichez. Là encore, vous êtes libre de vos émotions personnelles.

La bonne santé, la fausse déprime collective et la vraie dépression		
	Bien portant	**Déprime collective**	**Dépression**
Mon corps	J'ai confiance en lui, je l'entretiens.	Le pire peut arriver. Méfions-nous. Ne faire confiance à personne.	Je n'ai plus de santé, plus d'organes, plus d'énergie.
Mes enfants	Je leur transmets ce que je peux.	J'aurais dû mieux faire.	Je suis un père ou une mère indigne qui fait du mal sans le savoir.
Mon passé	Je lui ai trouvé sa place et je me suis réconcilié avec lui.	C'était mieux avant.	Je me reproche d'être encore vivant alors que tant d'êtres aimés sont partis.
Mon quotidien	Je fais des erreurs sans le vouloir et je les corrige.	Je ne fais pas assez d'efforts.	Je ne mérite que des soucis et des échecs.
Mes petits plaisirs	Je les assume et les déguste.	Je me demande si j'y ai droit dans l'état du monde.	Ce sont des fautes, des manques de volonté ou de moralité.
Mes réussites	Je m'en souviens, elles me font plaisir.	Je ne les mérite pas.	Je n'en ai aucune.

Mes échecs	J'ai tout fait pour les éviter. Je les assume.	J'en fais la liste. Je les rumine.	C'est ma nature, rien d'autre ne peut m'arriver.

J'ai reçu en consultation un journaliste qui m'a demandé si sa déprime ne pouvait pas s'apparenter à une maladie professionnelle. Il traite les catastrophes du monde, les menaces réelles ou probables. Il est incollable sur la liste des dangers qui nous attendent en économie comme en politique. Les experts qu'il interroge le confortent dans son pessimisme. « Il y a eu un moment, me dit-il, où je n'ai plus supporté cette cohabitation avec le malheur. J'ai eu besoin de prendre du champ, de m'éloigner de mon métier, des mails, des réseaux sociaux, des dépêches des agences de presse, sans oublier les théories du complot plus séduisantes les unes que les autres. »

Un ami breton lui a offert une thérapie sous la forme d'un « voilier ». Après un mois passé en mer, sans Internet ni téléphone, l'homme des médias a pris des résolutions antidéprime. Il ne se connecte plus à l'actualité angoissante quand il ne travaille pas. Il se réveille en musique et garde des îlots de tranquillité où rien d'autre ne compte que les discussions avec les amis ou son amoureuse.

Le double record du monde de la France avec les antidépresseurs

La France remporte le record du monde du plus grand nombre de boîtes d'antidépresseurs vendues par habitants et – autre record moins connu – celui du plus grand nombre de vrais malades de la dépression qui ne sont pas traités. La première partie du record plaît beaucoup. « L'industrie exagère. Elle nous oblige à prendre des pilules inutiles et toxiques pour des maladies qui n'en sont pas. On traite trop et inutilement la déprime et les émotions. » La seconde partie du record est moins politiquement correcte, moins en phase avec l'idée que l'on peut et doit se débrouiller tout seul. Un trop grand nombre de vrais malades ne sont ni reconnus ni bien traités. Ils ne reçoivent en réponse à leur maladie dépressive que des remèdes inadaptés à leur état. Les deux dérives d'aujourd'hui sont l'excès de médicaments pour la déprime et le refus de traiter les vraies maladies.

On peut se protéger de la nostalgie collective

En passant de la contemplation désolée à l'action, vous avancez vers la bonne humeur. Voici quelques étapes qui vont vous aider à vous retrouver tel que vous êtes vraiment, c'est-à-dire indépendant de l'humeur collective de la nation ou de la planète.

Ne prenez pas seulement des nouvelles du monde. Prenez aussi des nouvelles de vous, de vos proches, de votre famille. Équilibrez le flux d'informations entre les actualités générales et personnelles.

Limitez votre temps d'exposition aux nouvelles déprimantes. Écoutez les informations pendant quelques minutes et passez à autre chose. Il ne sert à rien de regarder en boucle ce qui vous attriste.

Après les attentats du 11 Septembre, les adolescents qui avaient passé le plus de temps devant la télévision étaient les plus choqués.

Limitez le temps de débats sur l'actualité démoralisante. Vous ne guérirez pas le monde et vous risquez de perdre votre bonne humeur à trop discuter de ce qui le menace. Il n'est pas interdit d'être léger, superficiel et un peu irresponsable dans sa bonne humeur !

Engagez-vous plutôt que de seulement commenter ou critiquer. Les événements sur lesquels vous avez du poids sont moins « plombants ». Choisissez bien votre association ou votre engagement et jetez-vous dedans.

L'effet Werther

Les jeunes gens qui lisaient au XIXe siècle le livre de Goethe *Les Souffrances du jeune Werther* se trouvaient aussi malades que son héros malheureux en amour. Ils envisageaient, en voulant imiter Werther, le suicide comme la dernière des élégances. Les plus belles amours étaient les plus malheureuses. Aujourd'hui, l'effet Werther s'est généralisé. Il ne conduit pas au suicide, heureusement, mais à la morosité. Nous ne lisons pas des romans mais des analyses savantes de notre pays et du monde. Nous essayons d'être aussi déprimés que nos voisins. Nous nous préparons voluptueusement à l'exil, au suicide de la civilisation ou de la planète. Gare à celui qui viendrait dire que la déprime moderne est seulement une erreur de jugement sur soi. Honte à celui qui ose sourire dans le métro ou en société. Il passe au mieux pour un irresponsable et au pire pour un malade. Et pourtant il a raison.

Les survivants n'ont rien à se reprocher

La psychologie connaît depuis toujours le syndrome du survivant. Il a été identifié chez les soldats qui se reprochaient d'avoir réchappé des dangers dans lesquels étaient tombés leurs frères d'armes. Une école de psychologie « trans-générationnelle » comprend les accès de déprime comme une manière de réparer ce qu'ont subi les parents et les grands-parents et dont ils n'ont pas parlé. Selon cette explication, quand une histoire dans la famille est douloureuse et cachée, elle crée une crypte. Avec le temps, l'histoire s'oublie mais la crypte reste. Et à l'intérieur de la crypte s'installe un fantôme qui soufflera le vent de la déprime sur plusieurs générations.

L'un des exemples les plus douloureux de ce phénomène est celui des survivants des camps nazis. Un vieil ami m'a raconté comment il avait pu chasser ses fantômes et ses coups de déprime en reprenant la main sur son passé. À sa sortie des camps, il avait dû cadenasser sa mémoire et sa parole. Il a lutté socialement pour réussir sa vie. Ce n'est qu'à sa retraite qu'il a pu consacrer du temps à la transmission de son histoire et à la lutte contre tous ceux qui voudraient la nier ou l'oublier. Avoir des enfants a été une autre façon de combattre la déprime et la nostalgie. Il les a élevés dans des valeurs de respect et de tolérance, strictement opposées à ce que lui avait fait subir la guerre.

Le deuil est une autre étape de la vie où l'on peut se reprocher d'avoir survécu à un parent ou un ami. On refuse de vivre l'instant présent avec ses plaisirs et ses surprises pour rester fidèle à celle ou celui qui est parti. La souffrance dure jusqu'à ce que l'on accepte que la fidélité maladive au disparu n'est pas une qualité morale. Ce n'est pas davantage un indice d'attachement à celui ou celle qui nous a quitté.

Inutile de se maltraiter pour être heureux

Cette erreur de jugement est présente chez beaucoup de déprimés réels ou en puissance. Je la retrouve chez les frénétiques du sport, du bricolage ou du travail. Ils fuient, au choix, la retraite, le repos ou la détente et cherchent sans s'en rendre compte le *burn out*. Seul l'épuisement les rassure. C'est le principe du bonheur moderne dans la souffrance : ce qui m'épuise ou me frustre doit forcément me faire du bien. Au nom de la religion de la fatigue et de la contrainte, vous ou moi adoptons un régime sans sourire, sans sel, sans sucre ou sans petites folies. Les plus grands chercheurs de bonheur vont jusqu'aux jeûnes prolongés entrecoupés de marathons. Tout ce qui les maltraite doit bien muscler leur santé.

Le travail reste la manière la plus simple de se fatiguer, de ne pas penser à ses soucis et même de se faire du mal noblement. Vous venez de terminer une grosse journée de travail. Vous n'avez plus aucun dossier en retard. Votre boîte mail est vide. Vous chancelez autant de fatigue que du bonheur face au travail accompli. Votre cerveau produit des endorphines comme jamais et le sentiment de fatigue se vit comme un délice. L'euphorie de la fatigue agit tel un alcool avec une obligation de recommencer à s'épuiser dès le lendemain. Les manageurs connaissent tant les effets séduisants de la fatigue qu'ils punissent les salariés récalcitrants, non pas en leur en demandant trop, mais en les empêchant de travailler. La « placardisation », ou l'interdiction de la fatigue, reste une technique classique de dépression expérimentale en milieu professionnel. On décrit depuis peu le *bore out* ou ennui pathologique comme une souffrance encore plus grande que le *burn out*.

Je me souviens d'une femme qui ne croyait qu'aux plaisirs et gratifications venus de son travail. Elle avait gravi un à un les échelons d'une belle carrière dans un ministère. Elle ne voyait pas ce qui pouvait lui arriver d'agréable dans sa vie en dehors d'une nouvelle promotion. Elle se représentait comme un être fragile, déprimé sans le savoir, qui n'arrivait à avancer que par et pour son travail. Il aurait été impensable de lui suggérer de prendre un peu de distance avec son saint travail. Elle aurait vu un repos imposé comme un déchirement. Je lui ai proposé de continuer à travailler, avec toujours autant d'acharnement, mais de commencer en même temps à faire quelques infidélités à sa mission de directrice financière. Elle m'a suivi et a découvert la musique, les cours de chant. À force de pester sur un motet de Bach, elle a fini par tomber amoureuse d'un de ses voisins de chorale. Elle a trouvé avec lui d'autres

41

sources de plaisir que le traitement des dossiers et les comptes rendus de réunion.

Cette femme a mis en pratique une autre technique utile : la *tenue de deux agendas*. Je vois trop souvent des hommes ou des femmes qui investissent tant leur travail que leurs amours, leur famille, leur temps libre leur paraissent accessoires. Je leur suggère de tenir deux agendas : l'un pour la vie professionnelle, l'autre pour l'intime, le privé. Charge à eux de remplir autant l'un que l'autre. Ils peuvent s'astreindre à « gérer » leurs temps intimes comme des rendez-vous professionnels. Ils les préparent, choisissent un cadre agréable et le moment venu ne se laissent distraire ni par une conversation téléphonique ni par un message qui vient justement du travail.

Comment faire la différence entre les vrais et faux soucis

L'une des raisons pour lesquelles on se croit à tort malade face à la déprime est que l'on confond les faux et les vrais soucis. Les soucis objectifs sont ceux qui vous tombent dessus. Ils peuvent menacer votre humeur. Mais vous avez toujours plus de liberté que vous ne le croyez dans votre manière de réagir.

Entre l'événement inévitable et votre réaction, il y a la manière dont vous interprétez la situation. Là encore, vous avez la main. Vous n'êtes pas obligé de trouver une interprétation catastrophique. Cherchez les aspects rassurants ou insolites de la situation *a priori* désagréable. Préparez-vous une réaction plus tranquille que si vous aviez laissé s'emballer votre machine à déprime.

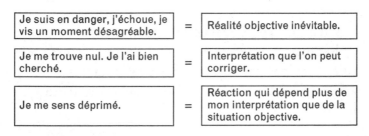

Je suis en danger, j'échoue, je vis un moment désagréable.	=	Réalité objective inévitable.
Je me trouve nul. Je l'ai bien cherché.	=	Interprétation que l'on peut corriger.
Je me sens déprimé.	=	Réaction qui dépend plus de mon interprétation que de la situation objective.

Les philosophes classiques ne disent pas autre chose : « Nous ne sommes pas affectés par les événements, mais par ce que nous en percevons. » Encore faut-il accepter de corriger les erreurs qui mènent aux émotions négatives. C'est possible, pas si difficile et finalement pas si désagréable.

Apprenez à ne plus vous sentir malade lors des coups de déprime

Il existe maintenant des pratiques simples pour ne plus se croire malade quand vient la déprime. Elles ont été mises au point dans le traitement de l'hypocondrie et du stress.

Immunisez-vous contre la tristesse :
Faites apparaître en vous du découragement et du regret. Par exemple, faites remonter à votre conscience un de vos souvenirs les plus désagréables. Entraînez-vous à ne pas interpréter cette émotion comme un signe de déprime.

Changez vos pensées automatiques :
Remplacez la croyance déprimante et fausse « je suis malade » par une croyance utile et juste « il y a bien d'autres raisons d'être fatigué ou triste que la déprime ».

Exercez-vous à la bonne humeur avec Gérard de Nerval !

Lisez le poème qui suit, parmi les plus déprimants du poète français Gérard de Nerval. Soyez à l'écoute des émotions qu'il fait émerger en vous.

Je suis le ténébreux, – le veuf, – l'inconsolé,
Le prince d'Aquitaine à la tour abolie
Ma seule étoile est morte, – et mon luth constellé
Porte le soleil noir de la Mélancolie.

Que ressentez-vous ? Écrivez les trois premiers mots qui vous viennent à l'esprit après avoir lu le poème. Ils risquent de ne pas être bien gais !

Reprenez le texte de Gérard de Nerval et travaillez maintenant votre résistance à la déprime. Vous lisez les mêmes phrases et vous apprenez à ne plus être contaminé par l'émotion qu'elles dégagent. Vous vous entraînez à résister à une influence déprimante. Vous allez trouver bien des occasions de mettre en pratique ce nouveau talent.

La technique du disque rayé

La technique du disque rayé vient de la thérapie comportementale. Quand vous avez envie de dire non, à un verre de vin en trop, à une proposition dangereuse, vous souriez et vous répétez « Non merci » autant de fois que nécessaire. Vous ne vous énervez jamais et n'élevez pas la voix. Cette manière de communiquer s'applique à la déprime. Chaque fois que vous entendez parler en vous une voix qui vous dit que vous êtes trop nul, incompétent, malade ou presque fou, vous ne vous fâchez pas, souriez et vous dites non. « Vous vous trompez. » Vous allez voir qu'en leur parlant fermement, les émotions négatives restent moins longtemps.

Préférer le comment au pourquoi

Trop réfléchir au pourquoi empêche parfois de trouver des solutions aux coups de déprime. Quand un souci arrive, il y a celles et ceux qui cherchent comment en sortir et y résister et ceux qui se demandent pourquoi c'est tombé sur eux.

Le « comment je m'en sors » est plus efficace que le « pourquoi ça tombe sur moi ». Une expérience a été conduite auprès d'étudiants auxquels on présentait des visages souriants ou en colère. Ceux qui se demandaient pourquoi on leur montrait des visages en colère ont fini par s'angoisser. Ceux qui se demandaient comment s'adapter à l'expérience l'ont passée sans difficulté. Le comment est moins séduisant intellectuellement mais autrement plus efficace dans la défense de la bonne santé. Cette défense du comment est une manière nouvelle de voir la psychologie. On cherche plus des solutions que des explications. Elle ne sous-entend pas que les explications sont inutiles mais simplement qu'il y a un temps pour tout.

2.

COMMENT VOTRE CERVEAU VOUS PROTÈGE DE LA DÉPRIME

Le cerveau est mon deuxième organe préféré.

Woody Allen

Suis ton cœur mais prends ton cerveau avec toi.

Alfred Adler

Notre cerveau est notre meilleure arme anti-déprime. Il déborde d'énergie pour peu que l'on sache travailler avec lui, ne pas le contrer et bien l'entraîner. Nous avons sous notre crâne une véritable machine à bonne humeur. Sauf qu'elle nous a été donnée sans mode d'emploi. Il suffit de quelques exercices et expériences pour que se mette en action notre machine personnelle à énergie. Nous ne savons pas encore précisément comment agissent ces exercices sur les neuromédiateurs. Mais nombre d'études aux résultats convergents permettent de dire que :

— notre comportement, notre manière de penser agissent sur notre cerveau,

— la plasticité cérébrale fait que l'équilibre du cerveau est un état dynamique. Il n'y a pas de cerveau qui reste actif pour toujours sans aide ni entraînement,

— il n'y a pas de cerveau déprimé et de cerveau de bonne humeur pour toujours. Chacun peut trouver dans son cerveau des ressources de bonne humeur.

C'est pendant la Première Guerre mondiale qu'est apparue l'idée qu'il existe dans le cerveau une machine à bonne humeur et une machine à déprime. Selon le lobe du cerveau qui était blessé chez les soldats de la Grande Guerre, ils étaient soit plus déprimés, soit plus entreprenants. Quelques années plus tard, un étrange test « endormait » avec des injections de barbituriques le cerveau droit ou le cerveau gauche.

Le cerveau droit est l'hémisphère dit mineur, qui porte entre autres les émotions, et le cerveau gauche est l'hémisphère majeur dans lequel se situent les zones du langage. Les injections dans le cerveau gauche provoquaient des signes de déprime. Les injections atteignant le cerveau droit créaient de la bonne humeur artificielle.

Bien sûr que tout n'est pas si simple. Il n'y a pas un lobe cérébral de la bonne humeur et un lobe de la mauvaise humeur. Mais les explications qui suivent vont vous montrer comment développer les fonctions de votre cerveau qui portent les émotions les plus agréables. Les grands principes sont de s'entraîner à penser doucement et de rechercher la communication et l'équilibre entre les différentes parties du cerveau.

Ralentissez votre cerveau et votre pensée

Le premier temps du neuro-bonheur est un apprentissage de la lenteur. Face aux applications multi-tâches, aux cadences professionnelles, aux distractions multiples, vous avez besoin de prendre votre temps pour vous protéger de l'épuisement, premier stade de la déprime.

Penser trop vite angoisse. On ne prend pas le temps de voir les solutions les plus justes à notre portée. Il faut se faire un peu violence pour ne pas essayer de suivre celles et ceux qui sont trop actifs. Il n'est pas inutile de se débrancher quelques jours par an ou quelques heures par semaine de l'actualité et des technologies qui nous imposent un rythme trop rapide pour nous. L'un des grands mérites de la méditation est qu'elle vous entraîne à penser plus lentement. Vous vous concentrez sur l'ici et maintenant, sur l'instant présent, et vous percevez votre existence de manière plus apaisée. Les expériences les plus récentes montrent que l'effet de la méditation n'est pas seulement psychologique. Vous n'obtenez pas uniquement de la détente. Vous changez la dynamique de vos neurones et la manière dont communiquent entre elles les différentes aires cérébrales.

Pour vous préparer à la méditation vous pouvez commencer par quelques jeux de mathématiques. Vous allez voir que la pensée lente est plus utile et plus juste que la pensée rapide. Le Prix Nobel d'économie Daniel Kahneman donne un bon exemple de ces deux vitesses de la pensée. Il pose l'énigme suivante :

« Une batte et une balle de base-ball coûtent 1,10 dollar. La batte coûte un dollar de plus que la balle. Combien coûte la balle ? »

Sans réfléchir, le chiffre qui vous vient à l'esprit est de 10 centimes pour la balle. L'énigme a déclenché une réponse rapide, intuitive, intelligente… mais fausse ! Si vous pensez plus lentement et que vous faites le calcul, vous trouvez la solution.

La balle ne peut pas coûter 10 centimes, sinon le total serait de 1,20 dollar (10 centimes pour la balle et 1,10 dollar pour la batte sachant que la batte coûte 1 dollar de plus que la balle). La bonne réponse est donc 5 centimes pour la balle. La batte coûte 1 dollar et 5 cents et la balle 5 cents. Le total fait bien 1 dollar et 10 cents. Rassurez-vous si vous ne comprenez pas tout de suite. J'ai mis beaucoup de temps à trouver la bonne solution, même avec l'explication du Prix Nobel !

Celles et ceux qui sont arrivés à la bonne réponse ne sont pas seulement doués en mathématiques. Ils savent aussi raisonner lentement. Ils ne cèdent pas à leur première fausse intuition. Je fais le pari (peu risqué) qu'ils résistent mieux aux coups de blues.

Une autre énigme mathématique teste la vitesse de votre pensée.

« Combien d'animaux de chaque espèce Moïse embarqua-t-il dans l'Arche ? »

Les agités du cortex qui répondent trop vite sont pris dans l'*Illusion de Moïse*. Ils donnent un nombre d'animaux. En réalité, Moïse n'a jamais embarqué d'animal dans une Arche parce que c'est Noé qui a construit l'Arche. Mais le contexte vous influence. L'idée d'animaux et d'Arche vous rend moins vigilant au nom de celui qui les fait entrer.

L'envie de répondre vite est encore plus forte du fait que Moïse et Noé sont deux noms bibliques à peu près de même longueur. L'illusion ne vous atteindra pas si vous remplacez Moïse par François Hollande ou Barack Obama !

Dans cette deuxième épreuve, vous avez mesuré à la fois la trop grande vitesse et la dépendance de votre pensée. Êtes-vous facilement contaminé par le contexte ? Vous laissez-vous influencer ? Savez-vous résister aux idées toutes faites et prendre votre temps avant de juger d'une solution ? Dans tous les cas, l'aptitude à penser lentement n'est pas un talent inné. C'est une capacité qui s'exerce.

Une découverte remarquable : votre cerveau est un grelot

Avec tout le respect que je dois à votre cerveau... et au mien, je peux comparer ce noble organe à un grelot. Oui, un grelot, comme celui que les vaches portent à leur cou et qui sonne quand elles marchent. Il y a au milieu du cerveau une petite boule qui s'agite dans tous les sens. C'est la bille du grelot. Si l'on devait lui donner un nom plus médical ou anatomique, on l'appellerait amygdale cérébrale ou système limbique. Autour du grelot ou de la zone de l'émotion se trouve l'écorce du cerveau, le cortex, la partie de nos neurones qui nous sert à penser, à réfléchir, à raisonner.

La communication entre le grelot et le cortex n'est pas la même à tous les âges de la vie. Quand on devient « sage », que l'on mature, on développe davantage son cortex que son grelot. Il faut rechercher ce qui réveille l'amygdale, émeut ou étonne. Chez l'adolescent, la situation est inversée. Les adolescents ont une amygdale hyperactive. Ils ressentent un maximum d'émotions et n'ont pas encore assez de connexions entre amygdale et cortex pour les traiter. Les adolescents paraissent impulsifs ou instables. Ils sont seulement dépassés par le mouvement de leur grelot cérébral. J'explique ce modèle aux parents d'adolescents qui viennent se plaindre de leur jeune homme ou leur jeune femme impossible. Ils sont rassurés quand ils apprennent que l'état qui les gêne tant ne va pas durer. Il suffit d'attendre que l'adolescence se passe et que l'amygdale s'accroche au cortex.

Une découverte extraordinaire est que ces deux parties du cerveau, celle qui s'émeut et celle qui réfléchit, ne peuvent pas fonctionner en même temps. On ne sait pas s'émouvoir et réfléchir au même moment. Les biologistes appellent ce phénomène le système *push and pull*. Le *push* fonctionne quand le cerveau pousse les émotions vers l'extérieur. À ce moment la bille du grelot et les émotions font la loi. On s'émeut sans raisonner. Au temps du *pull*, le cerveau tire les événements vers le cortex. On pense sans s'émouvoir. Vous pouvez même observer une traduction dans les gestes de ce *push and pull*. Quand quelqu'un est angoissé, il tend les mains loin de lui. Il semble vouloir écarter ce qui le gêne. Quand il réfléchit, il rapproche les mains de son corps. Il se concentre et rapproche les émotions de lui.

Pour prouver l'existence du système *push and pull*, une expérience a été conduite en trois étapes.

- **Première étape :**
Des volontaires ont regardé des images tristes et émouvantes. C'était par exemple des hommes ou des femmes en pleurs. En même temps qu'ils regardaient les images, on a mesuré le débit de sang et l'activité dans leur cerveau avec une technique sophistiquée d'imagerie par résonance magnétique fonctionnelle. Quand nos volontaires sont émus, l'amygdale (la bille du grelot) est active et le cortex extérieur n'a presque pas d'activité.

- **Deuxième étape :**
Les mêmes volontaires font un exercice de calcul mental qui les oblige à réfléchir sans s'émouvoir. L'écorce du cerveau est active et l'amygdale ou la bille du grelot est au repos.

• **Troisième étape :**

Ils revoient une image émouvante (une scène d'amour ou d'accident) mais on leur demande dans le même temps de compter le nombre de personnes présentes sur la photographie. Quand ils comptent les hommes et les femmes en pleurs ou le nombre de témoins du mariage, tout change dans leur cerveau. L'écorce s'active et l'émotion est moins forte. L'amygdale ou la bille du grelot est « calmée » par une opération de calcul mental qui vient du cortex.

Pratiquez l'exercice du grelot

Cette expérience est une vraie révolution en psychologie. Elle est une application de la guérison raisonnable des coups de déprime. Nous ne sommes jamais sans défense face aux émotions négatives. Nous avons toujours le pouvoir de leur opposer notre réflexion et notre raison. Apprenez à penser ou réfléchir pour moins vous émouvoir. Vous serez deux fois gagnant. Dans les moments où tout va de travers, vous respirez, vous ralentissez votre pensée et vous commencez à réfléchir à ce qui vous arrive. Vous contrez la déprime et vous faites taire les émotions négatives.

Dès que l'on commence à essayer de comprendre ce qui nous rend triste, le poids de l'émotion diminue. Quelqu'un vous menace ou vous agresse : analysez la manière dont il se comporte, les trucs auxquels il a recours. Vous allez passer de la panique au décryptage. Vous reprenez la main sur votre cerveau en en changeant le rythme. C'est aussi de cette manière qu'agissent les psychothérapies. Parler de ses coups de déprime, y réfléchir les calment. On subit moins le stress quand on comprend la manière dont il s'impose à nous.

Utilisez votre grelot au milieu d'un concert !

Il y a une autre application de la théorie du grelot. Dans les moments d'émotions agréables, un concert par exemple, mieux vaut ne pas trop réfléchir pour vivre pleinement ses sensations présentes et en profiter. Si vous recevez un afflux de *push* heureux, exaltants ou artistiques, laissez-les vous traverser sans vous demander ce qu'ils deviendront demain. C'est sans trop réfléchir que l'on goûte à fond le plaisir d'un dîner entre amis, d'un moment d'amour ou d'une expérience artistique. Vous laissez au vestiaire votre manteau, vos soucis et les questions venues de votre cortex. Une ancienne directrice d'hôpital pratiquait sans le savoir l'exercice du grelot. Elle expliquait que la seule manière qu'elle avait trouvée de se concentrer dans la journée était de s'autoriser un soir par semaine d'opéra. Elle faisait travailler son cortex toute la semaine et laissait le grelot la diriger devant ses opéras préférés.

L'expérience du manteau d'arlequin

Les étapes de la vie ressemblent à un manteau d'arlequin avec des pièces de toutes les couleurs cousues entre elles. Si on les voit de trop loin ou trop vite, on croit que le manteau n'a qu'une seule couleur, pourquoi pas noire ou blanche. Il suffit de s'approcher ou de prendre un peu de temps pour que les yeux et le cerveau distinguent des taches de toutes les couleurs, avec comme dans la vie du positif et du négatif.

Activez vos neurones miroirs

Les neurones miroirs ont été décrits par un neurophysiologiste de Parme, Giacomo Rizzolatti. Il étudiait le cerveau des macaques quand il a eu une surprise. À l'heure du déjeuner, il a arrêté de travailler pour aller manger un sandwich avec ses collègues. Mais les machines d'exploration du cerveau des singes continuaient à tourner. Il s'est aperçu que les macaques les regardaient et que leur cerveau s'activait « en miroir » de ce que faisaient les chercheurs. Au moment où il a tendu la main vers son sandwich, les singes ont activé des neurones qui faisaient eux aussi bouger les bras. Les chercheurs ont appelé neurones miroirs ces zones cérébrales de la communication, de l'imitation et de l'empathie. Pour que le singe stimule ses neurones miroirs, il devait comprendre le geste que l'on réalisait en face de lui. S'il voit par exemple quelqu'un prendre un stylo devant lui, le singe n'active pas ses neurones miroirs. Le stylo a moins de sens pour lui qu'un sandwich.

Cette découverte importante montre que nous sommes influencés en permanence, même sans nous en rendre compte, par ce que nous voyons et entendons. Si nous sommes entourés d'hommes et de femmes souriants, qui nous disent des choses agréables, nous activons de gré ou de force nos neurones miroirs de la bonne humeur. Si nous n'écoutons que des musiques désespérantes avec des amis désespérés, notre cerveau, par ses neurones miroirs, enregistre un message déprimant. Le modèle des neurones miroirs est aussi utile en entreprise ou dans tout autre groupe pour construire une ambiance et une communication qui transmettent des émotions agréables.

Un de mes amis chercheurs m'a demandé comment résister à une ambiance épouvantable sur son lieu de travail. Il avait l'impression que ses neurones miroirs étaient attaqués toute la journée par la morosité générale et par les coups de colère de ses collègues. De bonne humeur à son embauche, il se sentait de plus en plus souvent en proie à des coups de déprime. Je lui ai suggéré de regarder plusieurs fois par jour des vidéos de ses enfants et de sa famille en train de sourire. Je ne sais pas si j'ai agi sur ses neurones miroirs mais je lui ai donné l'occasion de s'échapper pendant quelques minutes d'une atmosphère délétère. Une recherche récente valide l'importance des images sur les neurones, qu'ils soient miroirs ou pas, et sur les émotions. Elle a concerné des grands-mères. Quand on fait passer devant elles des photos ou des vidéos de leurs petits-enfants, elles activent des zones cérébrales profondes qui restent inertes quand les enfants qu'elles voient ne sont pas de leur famille.

Appliquez la technique de Glenn Gould de préparation cérébrale

L'anticipation connaît de nombreuses applications. À l'occasion d'un concert en Israël, le grand pianiste canadien Glenn Gould devait jouer sur un piano qui ne lui plaisait pas. Il le trouvait faux et n'aimait pas son toucher. Avec ce piano, il ne pouvait se mettre en condition pour interpréter les morceaux de Bach que son public attendait. Alors il a eu l'idée d'un exercice de préparation cérébrale. Il est allé se promener sur la plage et s'est imaginé en train de jouer sur son piano préféré. Tout l'après-midi, il a fait comme s'il jouait chez lui, dans son studio de répétition préféré et il a révisé ses partitions. Le soir, sur le piano désaccordé, il avait retrouvé son toucher. La préparation de son cerveau lui avait permis de se régler. « J'étais surpris, dit-il, puis j'ai compris que c'était l'image tactile qui me guidait. » Son cerveau avait répété. Il s'était parfaitement entraîné sur un piano imaginaire.

L'expérience peut s'appliquer en dehors de la musique. Quand vous vous imaginez en train de vivre un moment agréable, un voyage, un rendez-vous amical ou amoureux, une réunion de famille, vous commencez à en profiter. Préparez-vous et votre cerveau se mettra en condition. C'est vrai aussi pour les situations qui vous inquiètent comme un examen ou un entretien d'embauche. En visualisant le moment difficile et en vous voyant passer l'épreuve, vous faites un premier passage et vous vous entraînez. Votre cerveau quitte une position de déprime ou de défaitisme pour trouver un rôle plus entreprenant.

Cette expérience explique pourquoi les « psys » passent autant de temps à faire raconter à leurs patients ce qu'ils prévoient de faire. Un fumeur invétéré venu me consulter pour arrêter le cigare m'a raconté pendant plusieurs séances ce que serait sa vie sans tabac. Il me parlait des soirées sans fumée. Il me parlait aussi de son manque, de sa peur de perdre une contenance. Le jour où il a vraiment arrêté, il a été étonné par la facilité. Il ne faisait que reproduire ce qu'il avait déjà vécu en l'anticipant.

Dépensez-vous pour développer les zones profondes de votre cerveau

À mes patients ou mes amis qui me demandent comment entretenir leur santé psychologique, leur mémoire et leur concentration, je propose de faire du sport de manière raisonnable. L'effet vient d'être démontré chez les rats. L'inactivité physique est toxique pour le cerveau et pour la bonne humeur. Elle provoque du stress, une augmentation de l'adrénaline et une contraction des vaisseaux. L'activité et le sport renversent la tendance et font diminuer ces trois paramètres : la contraction des vaisseaux, l'adrénaline et la déprime. Les animaux qui se dépensent augmentent le nombre de connexions entre les neurones. Toutes les études vont dans le même sens. L'exercice physique est autant un fortifiant du cerveau que de la bonne humeur.

Les rats obèses sont plus tristes et réussissent moins bien les épreuves intellectuelles auxquelles on les soumet. Ils n'explorent pas toutes les parties de leur cage. Ils se jettent sur la moindre miette de nourriture alors qu'ils pourraient en recevoir davantage s'ils attendaient quelques secondes de plus. L'effet déprimant de l'inactivité est encore plus net s'ils mangent trop de graisse. Un régime gras envoie dans leur sang des toxiques qui créent une inflammation du cerveau. L'inflammation pourrait venir d'une protéine issue des cellules grasses, l'interleukine. L'effet déprimant n'a rien d'irréversible. Un régime moins gras et un peu d'exercice font retrouver au cerveau du rat toute son activité. Les rats sont alors de meilleure humeur et résolvent mieux les épreuves intellectuelles.

Si des souris obèses font quarante-cinq minutes d'exercice par jour, elles récupèrent un cerveau comparable à celui de souris non obèses. En douze semaines, même si elles ne perdent pas beaucoup de poids, elles perdent de la graisse. Leur hippocampe (zone profonde du cerveau) est moins enflammé. Leurs cellules cérébrales communiquent plus rapidement entre elles.

Chez l'homme, l'action directe de l'exercice sur le cerveau est plus difficile à démontrer. Les premières études vont malgré tout dans le même sens. Les neurones sont plus actifs et ils ont même tendance à repousser chez celles et ceux qui sont physiquement actifs. La fréquence de la déprime et le risque d'Alzheimer diminue quand on accepte de consacrer deux heures par semaine à entretenir ses muscles et dans le même mouvement ses neurones. Mes étudiants qui réussissent dans les concours appliquent ce principe. Ils entrecoupent leurs séances de révision de moments où ils se dépensent, mais physiquement. L'effet sur le cerveau n'a pas été encore démontré, l'action sur leurs capacités intellectuelles est spectaculaire.

Utilisez les deux lobes de votre cerveau

Notre bonne humeur est portée par nos deux cerveaux. Nous l'avons vu, le cerveau mineur, le plus souvent à droite, est le siège de la passion et de l'émotion. Le cerveau gauche est plutôt celui de la raison et de la réflexion. Nous sommes de bonne humeur quand ces deux cerveaux communiquent bien et que nous nous servons autant de l'un que de l'autre. Il n'y a plus dans les conceptions neurobiologiques les plus récentes de zones mineures ou majeures. Ce qui compte le plus est la communication et l'équilibre entre des parties du cerveau qui ont des rôles complémentaires.

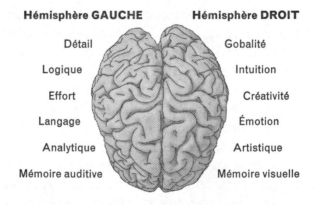

Hémisphère GAUCHE	Hémisphère DROIT
Détail	Gobalité
Logique	Intuition
Effort	Créativité
Langage	Émotion
Analytique	Artistique
Mémoire auditive	Mémoire visuelle

Dans un premier temps, vous allez essayer de savoir duquel de vos deux hémisphères vous vous servez le plus. Êtes-vous un homme ou une femme de raison, de réflexion, ou vous servez-vous surtout

64

de vos intuitions ? Vous allez vite prendre l'habitude de vous demander à quel moment de la journée travaille votre cerveau gauche ou droit. Et vous pouvez aussi appliquer l'exercice à vos amis. Sont-ils plutôt des hémisphères mineurs ou des hémisphères dominants ? Les fêtes que vous organiserez avec les uns et les autres ne sont pas les mêmes. Une soirée de cerveaux droits dominants est plus bruyante et surprenante qu'une soirée de cerveaux gauches plus sérieux les uns que les autres !

Le partage entre cerveau gauche et cerveau droit est vrai aussi dans les collectifs de travail. Une entreprise fonctionnant de manière équilibrée intègre dans ses équipes des cerveaux gauches et des cerveaux droits. Elle avance par l'alliance entre des créateurs, des poètes d'un côté et des organisateurs et des financiers de l'autre. Le but n'est pas d'atteindre un profil cérébral idéal mais de mettre à la bonne place chaque compétence et de les faire travailler en synergie.

**Comment se comporte un homme,
ou une femme, qui se sert davantage
de son hémisphère raisonnable ?**

- Il régule ses pensées, ses émotions et ses projets.
- Il préfère réfléchir avant d'agir.
- Il se fie plus à sa raison qu'à son intuition.
- Il fuit les situations qui l'angoissent ou le font douter.
- Il préfère lire, parler plutôt qu'agir.
- Il applique les conseils que lui donnent ses maîtres, ses livres ou ses amis.
- Il ne tolère pas le « multi-tâche » et préfère gérer un problème après l'autre.
- À l'école, il était meilleur en sciences, en mathématiques qu'en littérature ou en art.
- Il est celui qui organise et planifie les vacances et les loisirs pour tout son groupe d'amis.
- Il est imperméable ou même allergique au *non sense* britannique.
- Il se sert de sa main droite pour écrire, lancer un objet et faire un geste fin.
- Au travail ou à la maison, il propose des règles et veut que l'on s'y tienne.
- Il ou elle préfère les documents, les biographies aux romans extravagants.
- Il relit autant qu'il lit, il aime les grands classiques au cinéma et retrouve en vacances des endroits familiers.

Comment reconnaître un homme, ou une femme, utilisant davantage ses intuitions et son intelligence émotionnelle ?

- Il est entouré d'amis et de famille et il apprécie les moments d'interaction, les fêtes, les rencontres imprévues.
- Il est original et sait trouver des idées auxquelles les plus raisonnables n'ont pas pensé.
- Il se démarque des groupes par ses traits d'humour, son sens de la réplique et ses idées originales.
- Bien pourvu en intelligence émotionnelle, il a confiance dans sa première impression et dans ses intuitions.
- Il résout les problèmes grâce à son intuition.
- L'humour le rassure et il sait rire aux histoires en apparence absurdes.
- Le bruit ne le dérange pas pour se concentrer. Il n'est jamais aussi productif que quand on le stimule, le met au défi ou le distrait.
- Il, ou elle, apprécie naturellement l'art, même avant-gardiste, la poésie et tout ce qui mobilise ses émotions.
- Dans la musique ou au théâtre, il, ou elle, aime l'improvisation plus que les spectacles trop préparés.
- Comme son hémisphère droit est dominant et que les fibres cérébrales se croisent, il se sert plutôt de la partie gauche de son corps pour lancer un objet ou accomplir un geste fin.

Le plus étonnant avec la dominance cérébrale est la neuroplasticité. J'ai vu une femme changer de dominance cérébrale en changeant de métier et de situation conjugale. Elle était mariée à un homme obsédé par les règles et les horaires. Elle mangeait à heures fixes et partait en vacances toujours au même endroit. Elle ne faisait travailler qu'un seul lobe de son cerveau, l'hémisphère gauche ou dominant. Au travail, c'était exactement pareil. Cadre infirmier dans un grand service de chirurgie, elle tenait les plannings et les budgets du service. Et puis un jour elle en a eu assez de tant de rigueur. Elle a décidé qu'à cinquante ans elle devait enfin vivre sa passion de la voile et de la peinture. Elle a quitté Paris pour s'installer en bord de mer, aux Antilles, avec un chevalet et une nouvelle existence. Presque du jour au lendemain, son style cérébral a changé. Elle a redécouvert l'usage de son hémisphère droit.

Comment utiliser ses deux cerveaux au service de sa bonne humeur

Une fois que vous avez trouvé le demi-cerveau dont vous vous servez le plus, celui auquel vous faites le plus confiance, vous devez essayer de renforcer celui qui est le moins utilisé. Il n'y a pas de bon ou de mauvais cerveau pour la santé. Le bien-être vient de la capacité à trouver un équilibre entre l'action de sa raison et de son intelligence émotionnelle, entre improvisation et maîtrise de soi.

Si vous vous servez surtout de votre cerveau droit, ou sensible, entraînez-vous à la méthode, à la logique, à la préparation et à l'anticipation.

Si vous êtes dominé par votre cerveau gauche, vous avancerez vers le bien-être en cultivant l'art, la créativité, les relations sociales, les aventures, l'humour et l'intuition. Vous appliquez à vos cerveaux le précepte indépassable d'André Gide : « Il faut suivre sa pente... mais en montant. » Vous musclez ce qui vous manque, à la recherche d'un nouvel équilibre protecteur de la déprime.

Comment lutter contre l'excès de sérieux produit par son hémisphère gauche ou dominant :

- Faire confiance à ses émotions, son intuition, son premier avis avant toute réflexion.
- Hanter les musées et les cinémas comme une activité sérieuse et qui fait du bien.
- Travailler ce qui ne passe pas par le langage comme le dessin, l'activité physique, la danse et la musique.
- Se jeter dans des romans, les plus longs possibles.
- Programmer des moments dans la semaine ou dans l'année d'authentique vide ou vacance sans aucune activité.

– Cultiver l'imprévu et s'obliger à trouver du plaisir dans les situations à l'issue incertaine.

Comment ramener à la raison un cerveau trop émotif :

– Tenir un agenda pour prévoir ses moments de travail et de détente.
– Faire des exercices de grammaire.
– Réapprendre un peu de mathématiques.
– Apprendre à ralentir sa pensée et à ne pas tirer des conséquences définitives d'une situation banale.
– Travailler sa concentration en augmentant de cinq minutes par jour ses périodes de concentration.
– Faire une liste de tâches et s'y tenir.
– Prendre des engagements à court terme (le jour même), dans le mois et dans l'année.
– S'entraîner aux jeux de mots, comme les mots croisés, ou aux jeux mathématiques.

En plus d'équilibre entre cerveau droit et cerveau gauche, vous avez besoin de communication. Il faut que les zones de votre intelligence émotionnelle partagent des informations avec votre raison. Voici quelques comportements qui vont aider vos deux hémisphères à mieux collaborer à votre bonne humeur :
– Travaillez l'ouverture d'esprit en échangeant des idées et des expériences avec des hommes et des femmes qui ne sont pas d'accord avec vous.

— Ayez le courage, sans agressivité et sans fâcher votre interlocuteur, de connecter raison et émotion en disant ce que vous pensez vraiment.

— Utilisez l'art comme un stimulant cérébral et trouvez du plaisir raisonnable et émotionnel dans les sensations que vous offrent un film ou une musique.

— Pratiquez l'attention sélective en vous fixant sur ce que vos collègues, vos amis et votre famille vous disent, en les écoutant jusqu'au bout sans vous laisser distraire et en décodant ce qui relève du sentiment et du raisonnement.

— Accueillez la contradiction, l'opposition comme une occasion de faire travailler d'autres façons de raisonner et d'autres zones de votre cerveau.

— Recherchez la nouveauté même si la routine vous rassure. L'imprévu est un moment où vos deux hémisphères travaillent particulièrement ensemble pour trouver une solution.

Les écrivains qui me touchent le plus, ceux qui ont le plus de succès, sont ceux qui savent faire communiquer leurs deux cerveaux. Le cerveau raisonnable leur fait écrire un plan clair. Ils réfléchissent et construisent leur histoire. Jamais leur cerveau droit ne les abandonne. Ils donnent à leurs écrits une charge d'émotion qui fait qu'en plus de suivre une histoire, on s'émeut, on participe et on s'identifie. En face d'eux le lecteur va aussi mettre en action ses deux cerveaux et vivre une expérience riche en sensations comme en réflexion.

Quelques expériences cérébrales sur la dominance cérébrale et la création donnent d'autres résultats étonnants. Un musicien qui écoute une œuvre sollicite plus son hémisphère dominant qu'un mélomane. Le mélomane aborde la musique avec sa sensibilité et son intelligence émotionnelle. Le créateur entend les secrets de fabrication, la structure, l'organisation des notes. Là encore, c'est la plasticité du cerveau qui est la plus étonnante. Plus vous connaissez la musique, plus vous en maîtrisez la technique, plus votre écoute se déplace de l'hémisphère de la sensibilité à celui de la raison.

Notre cerveau est un conservateur qu'il faut oser bousculer

Notre cerveau est programmé pour être routinier. C'est particulièrement vrai chez l'enfant qui n'aime rien plus que de répéter les jeux ou les activités qui lui plaisent. Les adultes sont cérébralement organisés pour insister dans leurs erreurs et rester au contact de ce qui leur fait du mal. L'entêtement s'explique par la *dissonance cognitive*. Il existe une tension ou une dissonance quand nous devons accepter que nous nous sommes trompés. Il est plus coûteux en énergie de corriger une erreur ancienne que de s'y enfermer. Notre cerveau a plus de facilité à répéter la routine qu'à se remettre en question. Il mesure bien à quel point sortir de l'erreur rendrait la vie plus agréable. Mais il ne veut pas se déjuger. Mieux vaut pour lui insister que subir la « dissonance cognitive ». C'est à cause de cette dissonance que l'on ne quitte pas un travail qui nous déplaît ou une relation amoureuse devenue un calvaire.

La dissonance cognitive explique pourquoi les gourous et les faux prophètes ne sont pas mis en pièces par leurs disciples abusés. Il est moins angoissant de les suivre jusqu'au bout de leur folie que d'accepter d'avoir été berné. Il est plus reposant de confier le gouvernement de sa vie à une fausse théorie. En changer impose de passer par un moment de crise, de déséquilibre, de malaise. Et personne n'a envie d'affronter cette dissonance... Quitte à rester dans une vie ou des valeurs qui dépriment.

Il y a une interprétation optimiste à la dissonance cognitive. Quand on a commencé un effort, que l'on a pris une habitude favorable à sa santé, notre cerveau va nous inciter à continuer. Si vous voulez vous mettre à l'exercice ou à une nourriture plus saine pour votre santé physique et psychique, il suffit de commencer. En une ou deux semaines, la dissonance cognitive sera votre alliée. Votre cerveau vous réveillera pour vous donner l'envie de faire du sport. Quand, en consultation, un patient me dit qu'il veut se comprendre avant de changer ses pensées ou son comportement, je lui propose la démarche inverse.

Engager un petit changement pour changer de regard sur lui-même et comprendre l'état dans lequel il était avant ce changement.

Le cerveau persiste dans ses erreurs

Dans son livre *L'Échec d'une prophétie*, le psychologue Léon Testinger montre comment un gourou a conduit ses disciples à la catastrophe sans rien perdre de sa gloire. Marian Keech prétendait recevoir des messages d'extraterrestres appelés les Gardiens. Début décembre 1954, elle est formelle : les extraterrestres lui envoient des informations inédites. Ils vont détruire la Terre le 21 décembre. Seuls ceux qui la suivent seront sauvés par les Gardiens. Ses victimes vendent leurs biens. Ils se préparent à la destruction de la planète et à un voyage dans l'espace. La prédiction (bien sûr !) ne s'est pas réalisée. Mais la secte ne s'est pas dissoute. En pleine dissonance cognitive, les fidèles ont écouté Marian Keech leur dire le 22 décembre qu'elle avait reçu un nouveau message des Gardiens. Elle les a remerciés pour leur foi et tous leurs efforts accomplis pour sauver la planète. Ils ont fait changer d'avis les extraterrestres. Ses disciples ont continué à l'interroger sur la manière dont elle voyait l'avenir.

Le cerveau des violonistes incite à sortir de la routine

Une autre histoire de cerveau pousse à affronter le changement pour garder sa bonne humeur. Un neurobiologiste et un violoniste ont pendant longtemps partagé leurs impressions. Le neurobiologiste examinait le fonctionnement des cerveaux qu'on lui présentait et le violoniste s'acharnait sur un caprice de Paganini qu'il espérait jouer à l'occasion d'un concert. À un moment, le violoniste a ressenti un blocage. Il n'avançait plus sur son interprétation et il était en proie à une perte d'envie proche de la déprime. Il a demandé à son ami neurobiologiste d'examiner son cerveau. Surprise. Son cerveau s'était trop spécialisé. En travaillant sa partition, le violoniste ne développait qu'un petit groupe de neurones : ceux qui font bouger les doigts et quelques autres neurones de la motricité et de la sensibilité. Mais le reste de son cerveau était comme endormi.

L'ami neurobiologiste lui a suggéré de couper ses journées en tranches de deux heures. Deux heures de violon et deux heures sans violon avec du sport, des rencontres avec des amis, du cinéma ou de la télévision. Après quelques semaines, son cerveau fonctionnait de manière plus homogène. Il n'y avait pas que les neurones de la motricité qui étaient activés. Le violoniste a pu dépasser sa panne d'inspiration et venir à bout de son impossible morceau. Il l'a joué d'autant plus facilement qu'il ne passait pas ses journées seulement à répéter. Il ne se servait plus uniquement de ses neurones moteurs mais de tout ce que son cerveau pouvait produire de réflexion et d'émotion.

Vous allez garder à l'esprit cette image – vraie – des neurones des violonistes. Changer d'activité, alterner plusieurs tâches, tout cela vous rend plus productif et de meilleure humeur. Quand vous partez en vacances ou que vous faites la sieste, vous ne perdez pas votre temps. Vous stimulez de nouvelles zones de votre cerveau. Vous réveillez des neurones qui s'endorment parce que d'autres sont trop sollicités. Vous libérez et « déspécialisez » votre cerveau.

Donnez congé à votre lobe frontal

Le lobe frontal est l'une des parties les plus sérieuses de notre cerveau. Il bloque les excès et les audaces. Son rôle a été découvert par hasard au XIXᵉ siècle quand un ouvrier des chemins de fer américains a pris une barre en métal sur le front. Son lobe frontal a souffert et aussitôt son comportement a changé. L'employé modèle est devenu bagarreur, impulsif, incontrôlable. Sans aller jusqu'à attaquer son lobe frontal à la barre à mine, on peut de temps à autre desserrer le contrôle qu'il exerce sur notre comportement. Les entreprises, les familles, les couples pourraient décréter des semaines antifrontales où tout ce qui relève du désordre, de l'improvisation et de la nouveauté serait encouragé.

S'entraîner à l'oubli

Une équipe de biologistes suisses vient d'étudier l'oubli chez le *Caenorhabditis elegans*, un petit ver riche en cellules ressemblant à nos neurones. Les Suisses ont démontré chez ce ver qu'un cerveau doit être capable d'oublier pour aller bien. Les vers non dotés de cette capacité n'arrivent pas à survivre. Les résultats du travail suisse peuvent s'appliquer aux humains trop pleins de mémoires douloureuses. L'oubli est tellement important pour le bien-être que l'on cherche maintenant des molécules de l'oubli. L'effacement des souvenirs (bons ou mauvais) dépend d'une protéine du cerveau appelée « musashi » (msi-1). Va-t-on après cette première découverte fabriquer des médicaments aidant à gommer certains épisodes de sa vie ? Va-t-on ouvrir après les consultations de la mémoire qui fleurissent dans les hôpitaux des consultations d'oubli ? Nous n'en sommes pas là. Mais si vous voulez garder un bon moral, vous devez être convaincu(e) des bienfaits de la suppression de certains souvenirs. Et vous devez pratiquer des exercices d'oubli aussi souvent que des bilans où vous convoquez vos souvenirs anciens.

Il y a dans la défense de l'oubli un changement de point de vue. Nous sortons d'une époque où la psychologie ne défendait que le souvenir. Un homme ou une femme en bonne santé était celui ou celle qui se souvenait de tout son passé, l'avait plusieurs fois raconté et l'avait surmonté. Tout déni, tout oubli était suspect, maladif, presque criminel. Je ne prône pas dans ma pratique l'oubli ou le déni systématique. Mais je trouve que la leçon des vers suisses doit être méditée. Nous avons besoin de souvenirs pour vivre, et d'oubli pour survivre.

L'oubli grâce au « pousse-pousse » des souvenirs

L'oubli est utile certes mais difficile à obtenir. Le cerveau ne nous obéit pas dans ce domaine comme dans d'autres. Il fait disparaître ce que nous essayons d'apprendre à mémoriser et garde bien au chaud ce que l'on mettrait à distance. Si l'on oubliait aussi facilement nos soucis que ce que nous nous escrimons à retenir pour un examen, la vie serait un délice ! Pour qu'un cerveau ne mémorise pas tout, il faut le distraire et le noyer sous les informations. L'oubli par saturation fonctionne mieux que l'oubli par effacement. En réapprenant les dates agréables de sa vie, on ne supprime pas les mauvaises, mais on réduit l'espace vital des souvenirs déprimants.

Regarder ses réussites, bien garder en mémoire ses qualités restent la manière la plus efficace de gommer ses déprimes passées. Roland Benoit, chercheur à Cambridge, appelle cette technique le « pousse-pousse » des souvenirs. On sature son attention par des images et des pensées qui vont chasser la déprime le plus loin possible. Un cerveau occupé à se remémorer des bons moments est moins disponible pour faire tourner en boucle des souvenirs douloureux.

Les médicaments de la déprime

À l'heure où l'on mesure l'importance du cerveau dans la régulation de l'humeur, il ne faut pas avoir vis-à-vis des médicaments « neurotropes » ou « psychotropes » une position dogmatique. Accepter d'aider son cerveau avec des médicaments n'est pas systématiquement un signe de faiblesse.

Il est des formes de dépression pour lesquelles les médicaments sont utiles et parfois indispensables. C'est le cas des dépressions les plus graves et du trouble bipolaire de l'humeur. Comme les antibiotiques qui ne sont pas automatiques dans leur usage, les psychotropes ne le sont pas non plus. Ils ne dispensent pas d'un travail sur ses pensées, ses croyances et son mode de vie. Ils peuvent accélérer le mouvement des émotions en attendant que le travail psychologique ait donné tous ces résultats.

Les deux groupes de médicaments actifs sur la déprime sont les antidépresseurs et les régulateurs de l'humeur. Les antidépresseurs augmentent la quantité de sérotonine active dans le cerveau et les régulateurs évitent l'embrasement cérébral qui peut ressembler à une crise d'épilepsie. À ces deux médicaments classiques s'ajoutent chaque année de nouveaux produits.

Ils agissent sur la mélatonine et sur des récepteurs du cerveau de plus en plus ciblés. Aucun, rassurez-vous, ne changera la personnalité ou ne remplacera un moment de réflexion sur soi.

Nous n'en sommes plus à l'époque où des psycho-thérapeutes mettaient leurs patients sous psylocybine, une drogue créant des hallucinations. Ils croyaient à l'époque que les hallucinations toxiques allaient accélérer le travail psychologique ! Il vaut toujours mieux, en dehors des extrêmes urgences, prendre son temps que prendre une molécule aux pouvoirs prétendus magiques.

LA RÉVOLUTION DE LA GUÉRISON RAISONNABLE

> *Je me souhaitais mélancolique.*
> *Je n'avais pas encore compris*
> *la supérieure beauté du bonheur.*
>
> André Gide

Si l'on veut aller encore plus loin vers la bonne santé, on peut opposer à la déprime l'idée de « guérison raisonnable ». Cette technique applique à la déprime, à sa compréhension et à sa prévention les principes de la santé par le bon sens. Vous ne vous contentez pas de vous dire et de vous prouver que vous n'êtes pas malade quand tombe sur vous un état d'âme. Vous accusez la voix qui est en vous et qui voudrait vous faire passer pour un grand mélancolique. Vous vous bagarrez contre les croyances et pensées qui vous sont hostiles. Cette guérison raisonnable est nourrie par les résultats des études sur le cerveau. Nous avons, répétons-le, un grelot – une amygdale qui produit des émotions. Mais nous avons aussi un cortex, c'est-à-dire une capacité à réfléchir sur nous-mêmes et à faire évoluer nos états d'âme. Il faut pour cela abandonner la position du procureur qui nous fait désigner comme des indices de maladie ou de faiblesse ce qui nous arrive et que nous ne contrôlons pas. Il faut aussi croire aux forces de la raison face aux turbulences de l'émotion.

La découverte de Jack Trimpey : nous allons mieux que nous ne le croyons

Il y a plus de trente ans, Jack Trimpey, un travailleur social américain, a lancé cette idée de guérison raisonnable. Grâce à sa méthode, on peut arrêter de boire ou de fumer, en renonçant à l'idée que l'on est faible et malade. Il a avancé une explication simple et particulièrement utile. Aux buveurs, aux fumeurs, il dit :

« Vous n'êtes pas malades. Vous vous trompez en gardant un comportement qui vous fait du mal. Pourtant, rien ne vous y oblige sauf l'idée que vous êtes trop faible ou trop malade pour en changer. En commençant à réfléchir à ce qui vous arrive, vous pouvez améliorer votre manière de vivre. Vous pouvez révéler des capacités nouvelles. »

Jack Trimpey remet en question le dogme de la maladie. Son explication est encore plus vraie et plus efficace pour la déprime. Je l'applique et l'utilise dans la vie comme en consultation.

La formule « antimaladie » libère de l'énergie. Elle remet en question les idées erronées sur la bonne et la mauvaise santé. La déprime est une émotion banale que l'on peut chasser en comprenant ses astuces et ses moyens d'action contre nous. Mieux vaut se voir comme quelqu'un qui se trompe et n'a pas encore corrigé ses erreurs que comme un être faible, condamné à le rester.

Cette attaque frontale de la mélancolie me fait penser à ce que l'écrivain Aharon Appelfeld raconte de sa lutte contre le découragement. Quand un résistant cédait au pessimisme, ses amis et frères d'armes lui appliquaient les principes de la guérison raisonnable : « La mélancolie est une invention du diable. Elle nous détourne du chemin de la Vérité en cherchant à nous terrasser de l'intérieur. » Et ces paroles portaient. Le combattant retrouvait sa force et son envie de lutter contre les nazis qui les traquaient.

Les erreurs de la déprime	La guérison raisonnable
– Se croire atteint d'un mal mystérieux et incurable.	– Chercher des causes à sa tristesse.
– Attendre un traitement (médicaments, régimes…) miraculeux.	– Trouver et changer les fausses croyances qui nourrissent le mal de vivre.
– Attendre le bonheur absolu.	– Faire de petites expériences de bonheur quotidien et se souvenir de ses réussites.

Vous pouvez trouver une inspiration supplémentaire dans les chansons de Barbara. Après le mal de vivre vient toujours la joie de vivre. Il suffit d'un peu de patience et d'écouter jusqu'au bout la chanson, qui commence pourtant tristement.

Et sans prévenir, ça arrive
Ça vient de loin
Ça s'est promené de rive en rive
Le rire en coin
Et puis un matin, au réveil
C'est presque rien
Mais c'est là, ça vous émerveille
Au creux des reins

La joie de vivre

Le parcours de Barbara est riche d'enseignements sur la manière d'utiliser ses états d'âme. Rien n'empêche, quand ils arrivent, de les sublimer, de les transformer en art, en poème, en paroles de chansons. Tout plutôt qu'en faire des symptômes générant un sentiment de catastrophe ou demandant des soins inutiles.

Les bons et mauvais « R » face à la déprime	
Mauvais R	**Bons R**
Rumination (pensées tristes, échecs, menaces)	**R**éfutation (des raisonnements déprimants)
Reconnaissance et plaisir dans la tristesse	**R**efus (de l'incitation permanente et collective à la déprime)

Il ne suffit pas d'être heureux pour être en bonne santé

Vous pourriez penser que l'on se sent moins déprimé quand la vie va objectivement mieux. Ce n'est vrai qu'en partie. Il ne faut pas seulement être heureux ou réussir dans sa vie amoureuse ou professionnelle pour arrêter de se dénigrer. D'un autre côté, tous ceux qui subissent une existence difficile ne perdent pas le moral. Quand on mesure le bien-être apporté par l'argent, on constate que la richesse ne rend pas aussi heureux que le croient ou l'espèrent celles et ceux qui se jettent dans les affaires. Les moments les plus heureux sont ceux où l'on progresse.

Il est plus agréable de s'enrichir que de se demander comment rester riche. Tant que l'on avance, on voit plus facilement les aspects positifs de ce que l'on est en train d'acquérir.

À toutes les étapes de sa vie, que l'on soit riche ou pauvre, ce qui compte le plus dans le bien-être est la capacité à appliquer les principes de la guérison raisonnable. Ne pas se croire malade et combattre tous les indices ou les mauvais amis qui voudraient nous convaincre du contraire.

Quelques pas vers la guérison raisonnable de la déprime

Vous pouvez dès aujourd'hui repérer et affronter vos erreurs sur vous-même.

• **Oubliez ce que l'on vous raconte sur la fatalité supposée d'être déprimé, à cause de la crise économique, de la politique, de tout ce qui vous est extérieur et ne vous concerne pas directement.**
Votre état personnel ne dépend presque que de vous. Les fausses croyances qui voudraient vous persuader que votre vie et votre santé sont menacées,

installées dans votre esprit, vont se battre pour garder leur place. En commençant à les observer, vous diminuez leur pouvoir de nuisance...

• **Acceptez les évidences : votre corps est en bonne santé. Vos organes fonctionnent.**
Le seul risque est que les hormones du stress que vous produisez leur fassent du mal.

• **Vos doutes, vos hésitations : suis-je vraiment aussi déprimé(e) qu'on essaye de me le faire croire ?**
Toutes ces pensées sont normales. Celles et ceux qui sont sortis de la déprime ont connu ces doutes : c'est un premier pas vers la réappropriation de leur identité et de leur énergie.

• **Les accès de tristesse et de nostalgie sont normaux eux aussi, de même que la colère et la déception.**
Faites confiance à votre raison et votre intelligence. L'une et l'autre corrigeront le tir et calmeront votre cerveau.

• **Les grands raisonnements ne sont pas toujours vos alliés.**
Ils vous conduisent à des bilans souvent négatifs et à des réflexions déprimantes. Les bilans sur sa vie sont toujours risqués, rarement optimistes et souvent faux. Évitez-les.

Transformez votre dialogue intérieur en voix raisonnable

La nouveauté, avec la guérison raisonnable, c'est qu'elle ne vous propose pas seulement d'écouter vos pensées de manière passive. Elle vous invite – et cela fonctionne – à essayer de les changer. Votre dialogue intérieur ne tournera pas toujours à votre désavantage. Vous avez le droit de vous révolter contre les voix qui activent les coups de déprime. Non seulement vous ne leur faites plus confiance, mais vous les prenez de front. La voix intérieure du reproche n'a pas toujours raison ; il vous devient possible de la contredire. Vous lui opposez votre voix raisonnable, celle qui a confiance dans vos qualités et dans votre avenir.

Je fais l'expérience en consultation de l'efficacité de cette technique. Face à celles et ceux qui croient que leurs pensées sur eux-mêmes ne changeront jamais, j'invite à cette position d'affrontement. Une fois encore, les expériences sur le cerveau vont dans ce sens. La voix intérieure se nourrit de notre inconscient, de notre histoire mais aussi de ce qu'on lui donne comme information. Si vous vous endormez en pensant à ce que vous avez vécu de meilleur, vous allez reprogrammer votre voix intérieure. Il est possible d'orienter le contenu émotionnel de l'activité du cerveau. Voici quelques croyances qui renforcent la position d'affrontement :

– Gardez la main pendant les coups de déprime. Le blues ne prend que la place que vous lui laissez.

– Faites la différence entre vos émotions raisonnables ou positives et les moments où vous êtes envahi par de folles pensées qui vous font imaginer le pire.

La leçon de Sisyphe

Ce pauvre gars de la mythologie grecque a été condamné par l'Olympe à porter un bandeau sur les yeux et à pousser un rocher au sommet d'une montagne. Le rocher qu'il fait avancer à bout de bras retombe chaque fois vers la vallée. Mais si Sisyphe vit à fond son expérience, il trouvera du plaisir dans chaque caillou, chaque éclat minéral de la montagne. Pousser un gros caillou est devenu son destin et il doit s'y investir à corps et cœur perdu. Il faut imaginer Sisyphe heureux et surtout pas malade. C'est la solution qu'a trouvée pour lui le philosophe Albert Camus dans *Le Mythe de Sisyphe*. S'il arrive à se concentrer sur son action, si difficile et répétitive soit-elle, s'il jouit de l'instant présent et trouve quand même de petites sensations agréables, il y a de grandes chances qu'il devienne vraiment heureux.

Traitez la déprime comme un envahisseur

L'attitude de combat contre la morosité fait plus de bien que la complaisance. Vous devez bien savoir, en cas de crise, que les moments désagréables ne durent pas. Le temps joue en votre faveur. Les chefs d'entreprise actifs le savent aussi bien que les entraîneurs sportifs. Les résultats sont une alternance de réussites et d'échecs. Il est à notre portée, raisonnablement, de voir l'échec comme une préparation à une prochaine réussite.

Pour y arriver, moquez-vous de la voix du mal-être quand elle se met à parler en vous. Il n'est jamais plaisant de se voir affublé d'un surnom. C'est ce que va subir la voix de votre mal de vivre. Le nom que l'on choisit montre la distance que l'on prend vis-à-vis de ses idées chagrines. Appelez-les :

saboteur interne,
ennemi intérieur,
la voix de Caïn,
la bête,
le monstre,
l'envahisseur !

Pour une fois que l'on peut laisser aller son imagination pour se faire du bien ! Vous avez la liberté de choisir des adjectifs s'appliquant le mieux à sa mesquinerie, sa méchanceté, ses erreurs. L'entrepreneur devenu adepte de la guérison raisonnable a adoré ce nouveau combat. Après avoir cherché des formules pour promouvoir ses produits, il a cherché des phrases choc contre son mal de vivre. Et il en a trouvé certaines qui ont changé son état d'âme.

FINO, la formule magique de la Nasa

Les communicants de la Nasa présentaient tous les crashs qu'avaient subis leurs fusées. Ils les expliquaient comme la condition de leurs réussites actuelles et à venir. Ils en faisaient des étapes obligées de la conquête de l'espace. C'étaient des moments de crise dont ils avaient tiré les leçons pour avancer. Aucun de leurs accidents ne leur a fait remettre en cause leur devise FINO : *Failure is not an option* (l'échec n'est pas une option). Et pourtant ils en ont connu des échecs !

Les voix déprimantes sont des voix étrangères

La dissonance cognitive et la routine des neurones peuvent nous piéger. Le cerveau prend des plis et adopte des croyances dont on finit par croire qu'elles ne peuvent pas changer. Il est utile d'accepter l'idée que la voix de la déprime n'est pas notre vrai moi. Elle parle en nous, elle parle de nous mais elle n'est pas le reflet de notre moi profond. Elle est une idée décourageante dont on peut s'éloigner. Elle est le résultat d'un conditionnement. Vous passez de la croyance démoralisante « Je suis triste parce que ma vie est ratée » à « La voix qui se trompe veut me faire croire que je suis triste et que ma vie est ratée. Elle pense mal et elle me maltraite. Personnellement, je ne la suis pas sur ce terrain ». Vous faites la différence entre les erreurs de jugement de ce mauvais génie et ce que vous êtes au fond de vous.

En finir avec la culpabilité

Prenez le coup de cafard à son propre piège et décidez que c'est à vous de lui faire une scène. Cette voix se trompe sur toute la ligne. Râlez de bon cœur contre la part sombre qui se trouve en vous. La déprime est un flatteur prêt à tout pour convaincre qu'elle a raison. Elle vit à nos dépens. Elle nous manipule en nous faisant croire que nous sommes exceptionnels... mais exceptionnellement mauvais. Tout est bon pour vous obliger à lui faire confiance. En fait, la déprime n'invente rien. Elle ne crée rien. Elle n'est qu'un faux reflet. Quand elle voit une qualité en nous, elle nous la présente comme un défaut. L'image du miroir déformant est utile pour percer sa stratégie. Ce que nous voyons dans un miroir déformant s'inspire de notre image, mais ne l'est pas complètement. Un dispositif optique concave ou convexe est fait pour que nous ayons l'air ridicule, pataud, comprimé comme une boule ou allongé à l'excès.

Le syndrome de l'imposteur

Le syndrome de l'imposteur consiste à croire que l'on ne mérite pas ce qui nous arrive de bien dans le domaine privé ou au travail. L'argent que nous avons gagné n'est pas à nous. Et si nous en acceptons la possession, nous hésitons quand même à le dépenser. Mon patient entrepreneur était particulièrement atteint par ce syndrome. Il ne se relaxait pas et n'arrêtait pas de travailler. Tout moment agréable ou de bonne humeur réactivait sa culpabilité.

Il y a maintenant de véritables techniques raisonnables anticulpabilité. Faites la liste de trois réussites récentes. Les devez-vous à la chance ou à votre compétence ? Ou alors à un peu des deux ? Si c'est le cas, combien de pourcentage attribuez-vous à la chance et combien à votre compétence ?

Posez-vous la question pour chacun des domaines de votre vie, le travail, les études, les finances et pourquoi pas aussi l'amitié. Même si le hasard et la chance ont joué leur rôle, vous allez vite vous apercevoir que vos compétences et votre réflexion ont participé dans tous les cas à vos réussites. En minimisant le poids de la chance ou du destin, vous diminuez votre sentiment de culpabilité. Ce qui vous arrive n'est pas indu ou immérité. Peut-être que le ciel vous a été favorable mais vous l'avez bien aidé. Vous pourrez vous dire, comme François de La Rochefoucauld : « On ne doit pas juger du mérite d'un homme par ses qualités mais par l'usage qu'il sait en faire. »

Les bonnes questions à se poser

- Suis-je vraiment le seul responsable de ce que je me reproche le plus ?
- Ce que j'ai raté, était-ce vraiment de ma faute ?
- Suis-je aussi seul et incompris que j'en ai l'impression ?
- Est-ce que je n'exagère pas mon sentiment d'isolement ?
- Dois-je vraiment faire confiance à la voix qui me dit parfois que je suis en danger ?

L'avenir des recherches sur la culpabilité va tenter d'intégrer les émotions et le fonctionnement du cerveau. Sigmund Freud avait décrit ce qu'il appelait ses trois topiques : le moi, le ça (siège des pulsions et des envies) et le surmoi. La neuro-imagerie cherche les zones cérébrales responsables de la culpabilité. Elles se retrouvent autour des neurones qui contrôlent l'action, comme les neurones du lobe frontal. Nous n'en sommes pas encore à pouvoir bloquer les neurones de la culpabilité mais peut-être qu'une visualisation cérébrale de la culpabilité n'est pas si éloignée. La piste la plus intéressante consiste à regarder ce qui change dans le cerveau pendant et après une psychothérapie. De nouvelles connexions apparaissent, permettant un accès plus direct et moins douloureux à ses désirs et émotions.

Arrêtez l'autoflagellation

Nora (son nom et son métier sont modifiés) est une spécialiste de la bonne mine et de la bonne humeur. Directrice commerciale d'une marque de cosmétiques, elle offre à ses amis et ses clientes des recettes pour révéler le meilleur d'eux-mêmes. Mais Nora a du mal avec sa propre image.

Elle se trouve épuisée, sans ressort ni réserve d'énergie physique ou psychologique. Quand Nora me raconte ce qu'elle fait en une journée, une semaine ou une année, je trouve son rythme intenable. Elle se reproche de ne pas être au top. Elle est seulement normale... et normalement dépassée. Plutôt que de ralentir, de diminuer son exigence vis-à-vis d'elle-même, Nora a trouvé une explication. Elle ne vaut rien, n'est pas digne d'estime, ne mérite ni l'attention de son entreprise ni celle de sa famille.

Elle a mis le mot « déprime » sur son mal-être. Tout vient d'elle, de son manque d'organisation, de tonus et de sérotonine. L'explication de son état par la déprime est fausse et assez facile.

Nous avons cherché ensemble les signes de la « vraie » dépression. Nora n'en a aucun. Elle n'est pas ralentie. C'est le monde autour d'elle qui va trop vite. Elle n'a pas perdu son énergie, elle est juste trop exigeante et puise trop dans ses ressources. Elle déborde d'envies mais n'a ni le temps ni l'occasion de les réaliser. Elle a moins besoin de soins que de repos, de vacances, d'un moment de tranquillité et de retour sur soi.

J'aime fendiller les certitudes de celui qui se croit accroché pour toujours à son mal-être. Je pose quelques questions et je le vois douter. Va-t-il aussi mal qu'il le pense ? N'y a-t-il pas en lui ou en elle des possibilités d'étonnement, de plaisir dont il ne s'est pas encore servi ou qu'il a oubliées ? Le déprimé moderne est sans aucun doute un bien portant qui s'ignore. Toutes les « victimes » de ce mal épidémique parce que très « tendance » sont des bien portants en puissance.

Ne vous excusez plus

Certains d'entre nous s'excusent en permanence. Vous avez un régime particulier, végétarien ou lié à des croyances religieuses ? Vous n'avez pas besoin de l'annoncer en vous excusant. Ne vous excusez pas non plus d'être allergique aux arachides ou de ne pas prendre de café si on vous en offre. Vous n'êtes pas obligé d'être désolé pour dire que le café vous empêche de dormir.

L'attitude d'excuse à temps plein est finalement pénible. Vous vous adressez des reproches et considérez comme graves des comportements banals ou des particularités que l'on remarquerait à peine sans vos excuses. À chacune d'elles, vous augmentez votre sentiment de culpabilité. Vous attendez que l'on vous autorise à faire ce à quoi vous avez droit. Votre entourage n'apprécie pas forcément non plus cette sournoise politesse qui n'est pas seulement de la courtoisie, et finit par agacer. En affirmant ce que vous êtes sans vous le reprocher, vous reprenez la main sur votre image.

**Quelques arguments choc
à opposer à la voix du blues**

- Vous avez le droit de dire non à la voix de la déprime.
- Les gens heureux ne sont pas tous idiots ou irresponsables.
- Les déprimés ne sont pas tous des créateurs… et l'inverse est vrai aussi.
- La tristesse est plus banale que vous le craignez et la déprime moins élégante qu'on vous le fait croire.

Dialogue entre un sceptique triste et un être heureux

— *Toutes ces idées, c'est de la méthode Coué !*
La méthode Coué est une caricature de psychologie. On s'en sert pour se moquer de tout ce qui remet en cause les habitudes et les croyances. Mais on peut

s'entraîner, se déconditionner sans faire de la méthode Coué. Et en plus, Coué est vraiment un contre-exemple. Sa méthode a plu, pendant la Seconde Guerre mondiale, aux mouvements les plus réactionnaires.

— C'est trop simple de s'exercer à aller bien ou à manger différemment pour être de bonne humeur.
Le poète Paul Valéry a clos le débat. « Tout ce qui est simple est faux. Tout ce qui ne l'est pas est inutilisable. »

— Mais nous avons été programmés depuis l'enfance pour vivre avec nos certitudes et nos habitudes.
Ce qui a été programmé ou conditionné peut se reprogrammer.

— Pourquoi ne pas chercher un médicament ? Il irait plus vite et cela demanderait moins d'efforts.
Les médicaments agissent sur des maladies du corps et de l'esprit. Aucun d'entre eux n'est indiqué sur la déprime quotidienne ou les coups de blues.

— Et le terrain génétique, vous en faites quoi ?
Les gènes en psychologie n'agissent pas seuls. Ce n'est jamais une fatalité. Ils révèlent leur action en fonction de notre environnement et de nos émotions. C'est toujours l'émotion qui prime. Un nouveau modèle s'appelle l'épigénétique. Il vient de montrer qu'une vie heureuse change les chromosomes.

– Si on veut aller bien aujourd'hui, il vaudrait mieux travailler sur son passé que sur son présent.

Le passé explique les causes des émotions actuelles, mais il est utile de gagner sur les deux tableaux. Développer ses émotions positives n'empêche pas, avec d'autres techniques, d'essayer de comprendre d'où viennent les coups de déprime.

– Changer de régime, faire des expériences positives, tout cela ne peut pas marcher rapidement.

Nous sommes prisonniers d'un modèle qui voudrait que les changements en psychologie soient très lents. Ils le sont parfois, mais il y a aussi des explications et des exercices qui font bouger plus vite.

– Et les causes, vous en dites quoi des causes ?

La psychologie moderne n'a pas la faiblesse de croire que ce qui nous arrive n'est pas déterminé par des causes anciennes et souvent dans l'enfance et dans les générations qui nous ont précédés. Elle postule que l'existence de causes anciennes n'empêche pas d'essayer d'aller mieux dans l'ici et maintenant.

3.

UN STYLE DE VIE ANTIDÉPRIME

Je crois en la couleur rose.
Je crois que le rire est le meilleur brûleur de calories.
Je crois aux baisers, embrasser beaucoup.
Je crois qu'on peut être fort
quand tout paraît aller dans le mauvais sens.
Je crois que les filles les plus gaies sont les plus belles.
Je crois que demain est un autre jour et...
Je crois dans les miracles.

Audrey Hepburn

Nul vainqueur ne croit au hasard.

Friedrich Nietzsche

Les philosophes classiques s'en doutaient. Les dernières recherches médicales le confirment. Nous allons bien quand nous prenons soin à la fois de notre esprit et de notre corps. On peut entretenir son moral, son énergie comme on cultive ses muscles, son cœur ou son souffle. Ces techniques ne guérissent pas toutes seules les maladies les plus graves. Mais elles aident à rester en bonne santé. L'idée d'une prévention dans la santé physique est acquise. Elle reste à renforcer dans le champ de la santé de l'esprit.

Je me souviens d'une femme pilote de ligne à qui j'ai dit, après l'avoir longuement écoutée, qu'elle n'était sans doute pas aussi atteinte qu'elle le croyait de mal de vivre ou de tristesse. Elle s'est étonnée, presque fâchée, puis m'a demandé fermement de justifier ce que je disais. D'un instant à l'autre notre relation a changé. Elle n'était plus une malade à qui je proposais des traitements. Elle était une bien portante qui commençait à prendre seule son histoire en main. Et elle y est arrivée. Il lui a fallu renoncer à ses grandes réflexions sur le sens de la vie et reconsidérer sa santé sur la base du bon sens et de la prévention. Comme elle était très organisée, elle a noté sur un petit carnet, en plus de ses heures de vol, les exercices de bonne humeur qu'elle avait faits dans sa semaine. Bien d'autres suivent son chemin et trouvent une manière de remettre en question l'idée que nous sommes tous soit atteints par la déprime, soit sur le point de l'être.

Ils ont appliqué un nouveau style de vie et se fabriquent leurs antidépresseurs naturels.

Pour trouver en soi le bien portant, on commence par de petits changements en apparence anodins mais qui construisent un nouveau bien-être. Certaines de ces expériences ont une efficacité complètement prouvée par des études scientifiques. Je les propose à mes patients comme des « ordonnances de vie plus heureuse ». D'autres sont un peu plus nouvelles, avec des effets moins établis. Essayer de les mettre en pratique n'est pas dangereux et peut vous recharger en zen et en énergie.

Le bonheur est dans le pré : privilégiez la verdure !

Un chercheur anglais a eu une idée originale.

Il a comparé la consommation d'antidépresseurs dans les quartiers de Londres bordés par peu et beaucoup d'arbres. Ses résultats sont sans appel. Plus il y a d'arbres dans un quartier, moins les habitants consomment d'antidépresseurs. Celles et ceux qui vivent dans des rues boisées se sentent mieux et sont moins exposés aux coups de blues. Grâce à cet environnement, ils sont plus tentés de se livrer à une activité physique. La nature donne envie de bouger et de se dépenser. En vous y promenant, vous réalisez en continu, sans même vous en apercevoir, des expériences de méditation. Vous vous concentrez sur un arbre ou un paysage et vous prenez de la distance avec ce qui pourrait vous angoisser.

Chacun va trouver l'espace de verdure qui lui convient le mieux pour se ressourcer. Ce peut être une plante dans un appartement ou sur un balcon, une orchidée, un bonsaï, un grand espace ou un petit jardin. Verdure des villes, des banlieues ou des champs, toutes invitent à une vie sans déprime. Les plantes vertes aspirent le CO_2, on le savait. Elles font aussi leur affaire des pensées tristes.

Quand vous vous promenez dans un environnement sauvage ou naturel, quand vous regardez votre plante préférée, vous libérez votre esprit de vos angoisses personnelles. Vous communiez avec la nature et vous vous sentez moins seul. Vous appartenez à un univers qui vous porte et donne du sens à ce que vous êtes. Plus vous allez passer de temps à contempler une plante, un paysage ou pour certains un animal, plus vous allez vous sentir de bonne humeur.

Avec les résultats de cette étude londonienne, vous tenez un argument de plus pour choisir votre prochain lieu d'habitation. Et si votre quartier n'est pas assez aéré, vous pourrez toujours fleurir ou verdir votre appartement.

Une manière encore plus surprenante d'ouvrir son esprit est de défendre l'environnement. Quand vous achetez des produits écoresponsables, quand vous luttez contre la pollution ou le réchauffement climatique, là encore vous vous reliez à la nature. Votre esprit trouve un sens nouveau à la vie et se détend.

Quelles que soient vos opinions politiques, la défense de l'environnement est aussi une défense de votre bonne humeur. Vous ne perdez ni votre temps ni votre énergie quand vous vous concentrez sur le tri des déchets et que juste après vous profitez d'un paysage ou de toute autre scène en relation avec la nature.

Cette observation renvoie à deux domaines dont on commence à mesurer l'importance. Le premier est l'impact des couleurs sur l'humeur et sur l'émotion. Il est des couleurs apaisantes et stimulantes comme le vert et le bleu. Il est des couleurs plus stressantes comme le rouge qui crée une réaction vive sur le comportement et l'attention. Quelques protocoles tentent d'objectiver l'action des couleurs sur les neurones et le fonctionnement du cerveau. Ils pourront, quand leurs résultats seront plus précis, apporter une base scientifique à la chromothérapie.

Aujourd'hui, l'utilisation des couleurs sur les émotions reste empirique. Il n'empêche que le vert fait du bien. La couleur verte est d'autant plus apaisante que vous la voyez à l'extérieur, dans la nature, sur de la végétation.

L'autre manière de conforter son humeur est de trouver du sens à sa vie. S'engager pour la planète ou pour toute autre cause qui dépasse nos préoccupations individuelles, tout cela fait du bien. Nous sortons d'une forme très moderne de démotivation qui est l'absence de sens. Une étude conduite récemment auprès d'étudiants américains le confirme. Ceux qui sont motivés par une cause ou un engagement spirituel résistent mieux aux échecs et aux deuils. Ils se sentent en meilleure santé et de meilleure humeur.

Épicure et la bonne santé

Chassez ou traitez par le mépris vos projets vides de sens.

Après viennent les besoins naturels : ils ne sont ni nécessaires ni vides mais simplement présents. Ce peut être la faim, la soif ou la sexualité.

Ce que l'homme doit avant tout désirer, c'est l'ataraxie, le nirvana de l'âme que rien ne trouble quand elle a fait la paix avec ses angoisses. L'aponie est l'équivalent pour le corps de l'ataraxie pour l'esprit. Elle décrit l'absence de douleur physique. Quand elle est associée à l'ataraxie, c'est le vrai bonheur.

Courez et souriez

Si vous cherchez la manière la plus sûre de protéger votre moral, pas de doute, bougez. Toutes les formes d'exercice physique ont un effet apaisant et euphorisant. Les protocoles qui ont comparé l'activité physique et les antidépresseurs sur les coups de déprime sont formels. C'est l'activité physique qui donne le plus de bonne humeur et d'énergie. Elle fait pousser les neurones, diminue le risque de maladie d'Alzheimer et augmente les endorphines, les morphines que notre cerveau produit tout seul. Jusqu'aux résultats des travaux les plus récents, on n'imaginait pas à quel point le cerveau et les muscles étaient reliés. L'activité physique augmente l'oxygénation du cerveau. Elle stimule les capacités de base du cerveau comme la mémoire et la réflexion.

La quantité idéale d'exercice est de quarante-cinq minutes trois fois par semaine. Vous pouvez, pendant ces quarante-cinq minutes, alterner deux activités physiques, comme du vélo ou de la course. Vous commencez les vingt-cinq premières minutes sur un mode aussi tranquille que possible. Vous ne devez pas vous essouffler ni vous mettre en nage.

Après le premier temps de chauffe, vous accélérez un peu l'effort. Si vous calculez votre rythme cardiaque, il doit augmenter de 10 % entre la première et la deuxième session. Celles et ceux qui ont le plus de temps font suivre les quarante-cinq minutes actives par dix minutes d'étirement et de relaxation.

Quand vous tenez le rythme pendant six semaines, vous observez un effet sur votre tonus, l'estime de vous-même et votre bonne humeur. L'action n'a rien à voir avec un effet placebo. Vos endorphines augmentent et vos soucis s'éloignent à chaque foulée. Dans le même temps, vous diminuez votre risque de maladies liées à la sédentarité comme les maladies cardio-vasculaires.

Bonne dépense ne veut pas dire épuisement. Ceux qui vont au bout de leur résistance, qui veulent se dépasser, ont l'impression d'être encore plus actifs sur leur forme. En réalité, ils perdent de l'énergie. Ils ne se motivent pas, ils se détruisent.

Un travail récent du Collège américain de cardiologie a repris des registres permettant de comparer la santé et la bonne humeur selon l'activité physique. Les chercheurs se sont limités aux coureurs à pied. Les résultats incitent vraiment à courir ou à se dépenser. Ceux qui s'adonnent régulièrement à l'exercice ont une plus grande espérance de vie et une meilleure humeur. Les spécialistes de la forme ont également comparé les coureurs rapides et les coureurs lents. Ceux qui finissent leur séance d'exercice épuisés ont une moins bonne qualité de vie que ceux qui courent doucement. Au-delà d'un certain taux d'effort, l'exercice peut même devenir toxique. Il n'est plus une détente mais un stress qui augmente l'adrénaline et met le corps et l'esprit en difficulté.

Les coureurs excessifs ont un degré de bien-être et même une espérance de vie qui diminue. La durée idéale de course sur un mode tranquille se situe entre 1 et 2,4 heures par semaine. Tous les professionnels de la course vous diront que ces durées ne sont que des indications. L'essentiel est d'apprendre à écouter les messages qu'envoie votre corps, les signes de fatigue, les douleurs, les crampes. En vous y accrochant, vous donnez un peu congé à vos angoisses et à votre déprime.

La meilleure façon de marcher

Quand on se sent triste, on marche moins, ou bien doucement, à petits pas. On s'assoit dans son fauteuil et l'on passe en revue les causes de sa tristesse. Alors qu'il vaudrait mieux faire l'inverse, se lever et chercher la manière de marcher qui améliore le moral. Le philosophe Michel de Montaigne a décrit le pouvoir stimulant de la marche. Au milieu de sa bibliothèque, il s'était installé une écritoire qui lui permettait d'écrire sans arrêter de marcher et de tourner autour de son manuscrit. Il avait besoin du mouvement de ses jambes pour activer son cerveau.

Quelle est la façon de marcher qui protège le plus la bonne humeur ? L'objectif est d'apprendre, pendant quelques minutes par jour, à marcher le plus vite possible et à balancer ses bras le plus loin possible. L'idéal est de faire de larges mouvements de bras vers l'avant et l'arrière et de grandes foulées sans trop écarter ses jambes. Cette posture dynamique tonifie le corps et a un effet mobilisateur sur les émotions. On se sent mieux, les muscles et l'esprit sont plus actifs.

Quand on marche de manière dynamique, les bons souvenirs remontent plus facilement à l'esprit. Alors que, quand on marche doucement, en traînant les pieds, en écartant trop les jambes, ce sont plutôt les mauvais souvenirs qui reviennent. En cheminant, vous pourrez sourire encore plus en pensant à la phrase culte de Michel Audiard : « Un con qui marche ira toujours plus loin que deux intellectuels assis ! »

Le bonheur est dans l'assiette

Vous connaissez certainement les aliments utiles à la santé du corps. Il commence à apparaître des listes d'aliments actifs sur la bonne humeur. Ils ne sont ni rares ni chers. Il est plus facile que vous le croyez de vous composer des menus antidéprime. L'équilibre alimentaire rejoint l'équilibre de l'esprit. Mes patients sont souvent sceptiques quand je leur propose des changements de leur comportement alimentaire pour agir sur leur humeur. Et pourtant ! Les boulimies ont un effet déprimant. Ingérer en peu de temps de grandes quantités de sucre crée un état d'euphorie vite suivi d'une tristesse et d'une perte de l'estime de soi. Les jeûnes, si l'on n'en abuse pas, créent des états d'excitation et de bien-être. Il ne me paraît pas prudent de dépasser un jour de jeûne. Il faut aussi faire précéder tout jeûne volontaire par un bilan médical à la recherche de contre-indication.

Les aliments agissent sur le cerveau et l'humeur de plusieurs manières. Ils constituent ou renouvellent le stock de molécules permettant au cerveau de fabriquer ses neuromédiateurs. La sérotonine, par exemple, vient de la transformation d'une molécule alimentaire, le tryptophane. Les rats que l'on prive de tryptophane voient en quelques jours leur sérotonine baisser et leur moral avec. Les aliments contenant le plus de tryptophane sont le chocolat, les œufs, la noix de coco, les bananes, le riz et la viande. Aucun régime alimentaire « normal » ne laisse apparaître de carence en tryptophane. Il n'a par ailleurs pas été démontré que manger plus de tryptophane augmentait la sérotonine et/ou la bonne humeur.

L'alimentation apporte aussi des oméga-3. Ces molécules un peu magiques sont très importantes pour la santé. On leur attribue différentes qualités telles que la prévention des accidents vasculaires et l'amélioration de l'humeur. Elles bloquent les acides aminés dits excitateurs et ressemblent à des anti-inflammatoires naturels.

Une dernière question qui m'est souvent posée sur la relation entre humeur et alimentation est celle des régimes « sans ». Il devient à la mode de manger sans gluten et maintenant sans sucre. Les conseils successifs vous invitent à exclure un à un des aliments pourtant essentiels à l'équilibre de l'organisme. En dehors de cas d'allergie ou d'intolérance clairement diagnostiqués par un médecin, je ne suis pas favorable aux régimes excluant des aliments. Ils comportent un vrai risque de carence pour un bénéfice qui reste à démontrer. Le bon sens médical me conduit plutôt à proposer de renforcer vos apports dans quelques aliments utiles à l'organisme en général et à la bonne humeur en particulier. Ainsi, vous ne risquez pas de carence par déséquilibre alimentaire et vous vous rechargez en molécules stimulant le cerveau.

Les plus sceptiques, et j'en suis, se demandent comment un fruit ou un poisson pourraient vraiment changer quelque chose à l'état du cerveau et des neuromédiateurs. Il faut avouer que nous ne le savons pas encore avec précision. Les conseils qui suivent proviennent presque tous d'études sur de grandes populations d'hommes et de femmes en pleine santé. On a comparé chez eux le niveau de bonne humeur et la quantité d'aliments protecteurs consommés par semaine ou par jour. Les résultats interprétés de cette manière ne laissent pas de doute. Il y a des molécules que l'on retrouve en plus grande quantité chez ceux qui vont bien tant dans leur corps que dans leur esprit. C'est cette liste d'aliments que je vous indique dans les pages qui suivent.

Mangez du poisson contre la déprime

Le poisson peut être considéré comme un antidépresseur naturel.

Il est bon pour les vaisseaux et entretient le moral. Quand on compare des hommes et des femmes de bonne humeur ou déprimés, il apparaît que ceux qui sont le plus en forme mangent le plus souvent du poisson. Celui-ci est particulièrement riche en oméga-3. Ses acides gras sont les amis de la bonne humeur.

Grace aux oméga-3 contenus dans le poisson, le cerveau s'atrophie moins avec le temps. Il vieillit moins vite, garde de plus grandes qualités de réflexion, de mémoire et d'innovation. En mangeant du poisson, on est aussi protégé du risque des petits (ou grands) accidents vasculaires cérébraux.

Quand vous vous rechargez en oméga-3, vous modifiez la composition des membranes de vos cellules. Les neurones fonctionnent mieux. Ils fabriquent plus de médiateurs de la bonne humeur comme la sérotonine et la noradrénaline. Comme les cellules du cerveau sont plus perméables et plus souples, elles transmettent mieux l'influx nerveux et les molécules dont on a besoin pour se sentir en forme. La seule précaution à prendre est de vérifier que votre poisson ne contient pas de mercure. Sinon l'effet positif des oméga-3 est gommé par ce dernier. Soyez donc vigilant face aux informations sur les taux de mercure contenus dans le poisson.

Le pouvoir bénéfique du poisson sur l'humeur est encore plus net chez les hommes que chez les femmes. Il semble que les femmes aient plus de réserves naturelles en oméga-3. Les hommes arrivent plus vite à la carence et risquent la déprime quand ils négligent le poisson. Avant de vous précipiter sur un médicament stimulant, un dopant ou un anti-dépresseur, rendez plus régulièrement visite à votre poissonnier ! L'idéal est de manger du poisson trois à cinq fois par semaine. Aucune étude sérieuse ne permet de choisir un poisson plutôt qu'un autre pour protéger son moral. Alors prenez celui dont le goût vous plaît le plus. Vous ajouterez le plaisir à la santé.

Les vitamines antidéprime

Vous entendez parler tout le temps de l'importance des vitamines sur la santé. Certaines de ces petites molécules jouent un rôle de mieux en mieux connu sur la bonne humeur. Il est des molécules que l'on ajoute à son alimentation pour des raisons plus magiques que scientifiques. D'autres ne doivent pas manquer pour que l'on reste en bonne forme. Dans tous les cas, il vaut mieux les manger naturellement, c'est-à-dire dans des aliments que l'on aime plutôt que sous forme de cachets ou de médicaments.

La vitamine E agit sur les membranes des cellules dans le cerveau et dans toutes les autres parties de votre corps. Elle permet aux connexions entre les neurones (les synapses) de mieux fonctionner. Le cerveau est plus adaptable et plus résistant. Les neurones bien pourvus en vitamine E sont plus souples et moins « stressés ». L'effet sur l'humeur suit rapidement. On résiste mieux aux événements imprévus ou désagréables avec des neurones en forme. La vitamine E diminue aussi l'oxydation et le risque de faire des caillots dans les vaisseaux.

Il n'est pas nécessaire de consommer des suppléments en vitamine E pour aller bien. Les besoins journaliers sont couverts par l'alimentation à condition que celle-ci soit équilibrée. Gare aux régimes qui excluent certains aliments. Ils risquent de vous priver de votre précieuse vitamine E.

Les aliments les plus riches en vitamine E sont l'huile de germe de blé, de tournesol, les brocolis, les épinards, les tomates, les noix et les noisettes. Manger deux à trois fois par semaine ces aliments surchargés en vitamine E maintient l'équilibre du corps et de l'esprit.

La vitamine D participe elle aussi à la production de sérotonine. Les carences en vitamine D sont fréquentes et méconnues. Cette molécule est fabriquée par notre corps quand la peau est exposée au soleil. C'est souvent pendant l'hiver que nous risquons le plus d'en manquer. Ce manque est facile à compenser, soit par une ampoule de vitamine D « pure » (après avis médical évidemment), soit par les aliments les plus riches en vitamine D comme le saumon et les sardines. Les femmes apparaissent plus sensibles que les hommes à cette carence. Les femmes les plus sujettes à la déprime et à d'autres symptômes par manque de vitamine D sont les jeunes femmes de peau noire et celles qui s'exposent le moins à la lumière du jour et du soleil.

Magnésium, calcium et zinc

Nous commençons à mesurer l'importance de ces composants de notre alimentation. Ils sont indispensables à la santé du corps et à celle de l'esprit. Une étude conduite récemment chez des salariés japonais démontre un effet du magnésium, du calcium, du fer et du zinc contre la déprime. Celles et ceux qui manquent de ces molécules ont un moins bon moral que ceux qui ont des taux normaux.

Le magnésium est un cofacteur de l'enzyme qui fabrique la sérotonine, la tryptophane hydroxylase. Le calcium active cette même enzyme. Magnésium et calcium contribuent à notre production naturelle de sérotonine, l'une des molécules de la bonne humeur. Quand le niveau en sérotonine baisse, le moral baisse aussi. L'effet a été démontré chez des animaux qu'on a privés pendant quelques jours d'aliments de base permettant de synthétiser la sérotonine. Ils en fabriquaient moins et se repliaient sur eux-mêmes. Dès qu'ils retrouvaient un régime normal, ils augmentaient leur sérotonine, redevenaient sociables et pleins d'entrain.

Les apports en magnésium viennent surtout du chocolat noir, des céréales complètes, des pois chiches, des haricots blancs, des amandes, des cacahuètes, des bananes et des avocats. Il est bon d'en manger une fois par jour.

Les aliments les plus riches en **calcium** sont les produits laitiers (lait, fromage, yaourts). Il est conseillé d'en consommer trois par jour. Les autres sources de calcium sont les graines de tournesol et de sésame, les noix, les légumes verts (épinards, haricots verts, persil, cresson), les fruits (cassis, oranges, mûres, groseilles). Vous saurez en les mangeant que vous agissez sur votre bonne humeur.

Une grande étude australienne en population générale vient de montrer un effet protecteur du **zinc** sur la déprime. Dans des modèles animaux, on voit le zinc agir comme un véritable euphorisant. Chez l'homme, le zinc n'est pas utilisé comme un antidépresseur mais les manques créent parfois des états de fatigue et de perte d'envie. Le dosage biologique du zinc est trop cher et inutile en pratique. Mieux vaut donc se nourrir de manière à éviter les carences. Les sources naturelles de zinc sont la viande rouge, la volaille, le poisson, les céréales et les produits laitiers. Comme pour les autres produits, vous n'avez pas besoin de vous « charger » en zinc. Une alimentation équilibrée suffira à couvrir vos besoins.

Épices et thé vert

Longtemps les épices et le thé ont été recherchés comme des produits rares et précieux. Aujourd'hui, on leur découvre un nouvel effet. Le **curcuma** est l'une des épices à la mode. On la met à toutes les sauces ! Ses bénéfices ont plutôt été démontrés chez l'animal que chez l'homme. Beaucoup de travaux sur l'alimentation laissent supposer que le curcuma pourrait avoir un rôle préventif vis-à-vis des cancers. Les pays qui utilisent couramment cette épice ont des taux de cancers plus bas que ceux qui n'en prennent pas. Bien sûr, ce facteur n'est qu'un déterminant parmi bien d'autres. Et le curcuma ne doit pas être trop vite pris pour un traitement magique.

Chez l'animal de laboratoire, les effets de cette épice sont quand même impressionnants. Le curcuma augmente l'activité des neurones et stimule les rats. De là à le voir comme un agent pro-bonne humeur, il n'y a qu'un pas que vous pouvez facilement franchir. De toute manière, cette épice ajoutée à l'alimentation n'a aucun effet dangereux connu.

Le **thé vert** est une boisson à laquelle on prête bien des pouvoirs. On le dit capable de diminuer l'inflammation et bon pour le cœur et les vaisseaux.

Les plus sceptiques hésitent encore. Les plus confiants boivent dans le doute une ou deux tasses de thé vert par jour. Tout récemment, un effet du thé vert sur la bonne humeur a été identifié. Il agirait sur les enzymes du cerveau comme un antidépresseur naturel. Il inhibe la monoamine oxydase des cellules de la glie entourant les neurones.

La monoamine oxydase est une enzyme du cerveau bloquant l'adrénaline, hormone du stress, et surtout la sérotonine, hormone de la bonne humeur. Les premiers antidépresseurs mis au point étaient des inhibiteurs de la monoamine oxydase. Ils ne sont plus utilisés parce qu'ils produisent des effets gênants sur la tension artérielle et sur le cerveau. Les inhibiteurs « naturels » de la monoamine oxydase comme le thé vert augmentent, eux, sans danger la quantité de sérotonine et de dopamine présentes dans le cerveau. Le thé vert pourrait ainsi chasser les coups de blues en agissant sur les molécules clés de la bonne humeur. Les spécialistes du thé vert proposent de le prendre sans le mélanger à du lait, qui bloque ses qualités. De plus, en sacrifiant au rituel du thé, vous vous offrez un moment de détente et vous n'êtes pas loin d'un exercice de méditation ou de relaxation. En tenant la tasse chaude entre vos mains, vous dilatez les vaisseaux de vos doigts et profitez d'une autre sensation agréable. C'est sans doute pour cela que l'on préfère attendre, dans une gare ou ailleurs, une tasse de thé ou de café entre les mains.

Stimulez votre moral grâce à votre intestin

L'intestin est considéré depuis peu comme le deuxième cerveau. L'image n'est pas exagérée tant ces deux organes se ressemblent. La plus grande partie de la sérotonine et la moitié de la dopamine viennent de l'intestin. Les bactéries du tube digestif agissent sur le comportement et sur la bonne humeur. Elles stimulent le nerf vague qui va du cerveau au tube digestif. Les travaux en cours sur le comportement alimentaire laissent à penser que c'est l'intestin qui agit le plus sur la faim, la satiété et indirectement la santé et la bonne humeur. L'intestin n'a rien d'un organe passif. Il n'est pas seulement un récepteur d'aliments. Il pilote une partie de nos émotions. Les constipés et douloureux du côlon savent bien que leur humeur varie au gré des actions et caprices de leur tube digestif. Les médicaments de l'avenir sur le moral pourraient continuer dans ce sens et être des *psychobiotiques*. Ils changeraient notre psychologie en passant par l'intestin.

Nous n'en sommes bien sûr pas là aujourd'hui. Mais vous pouvez déjà commencer à protéger votre flore intestinale pour éviter les coups de blues. Sans que cela soit encore complètement démontré, les antibiotiques pris de manière répétée pour de simples rhumes peuvent, en abîmant la flore intestinale, atteindre le tube digestif et le moral. Les yaourts sont bons pour la santé de l'intestin. Ils pourraient aussi chasser les accès de tristesse grâce aux bactéries qu'ils apportent et qui colonisent le tube digestif. Enfin, il y a bien d'autres toxiques de votre intestin dont vous pouvez vous passer pour aller mieux et en particulier des laxatifs que certains utilisent comme une vraie drogue, à la moindre inquiétude sur leur constipation !

Un dernier travail démontre que les aliments fermentés comme les cornichons font du bien à l'intestin et au moral. Parmi 700 étudiants américains, ceux qui mangeaient régulièrement de la choucroute, des cornichons (ou des pickles) et des yaourts avaient des scores de stress plus bas que les autres. Plus précisément, ils étaient moins timides et moins phobiques. En attendant que l'on comprenne comment les aliments fermentés remontent la bonne humeur, rien ne vous empêche de commencer à les inviter à votre table.

L'allaitement rend la mère et l'enfant de bonne humeur

La dépression du post-partum est une souffrance aussi fréquente que mal connue. Une jeune femme qui l'a subie m'a dit à quel point cette émotion est vécue dans la culpabilité. Toute la famille félicite la jeune mère, s'extasie devant le bébé et pendant ce temps la nouvelle accouchée est épuisée. Elle n'a

ni le courage ni l'envie de s'occuper de son enfant.
Comme pour la déprime et la dépression, il existe
des degrés de gravité différents dans les angoisses
suivant une naissance. Le post-partum blues est un
coup de déprime souvent sans gravité et qui passe
en quelques jours. La dépression du post-partum
est une maladie nécessitant des soins prodigués à la
mère, à l'enfant et au reste de la famille. Les explications de la déprime post-accouchement ne manquent
pas. Les hormones, très élevées jusque-là, voient leur
taux chuter brutalement après la naissance du bébé.
L'arrivée d'un enfant est à la fois un grand bonheur
et un grand bouleversement. Le couple doit trouver
une nouvelle dynamique, du temps et une place pour
le nouveau né tout en préservant son intimité et sa
relation personnelle.

L'allaitement est une manière très scientifique de
se protéger des coups de blues qui suivent souvent
l'accouchement. L'enfant qui vient de naître est en
manque de vitamine A et la mère en a trop produit
pendant la grossesse. Grâce à l'allaitement, les situations s'équilibrent. Le bébé se recharge en vitamine A
en buvant le lait maternel qui en est riche. Dans le
même temps, la mère s'allège de ses excès en nour-
rissant son enfant. Les effets sur la bonne humeur
sont réguliers... et partagés entre les générations.

Dans les pays où les femmes allaitent le plus,
le blues post-accouchement est le plus rare. L'allaitement diminue aussi le stress des nourrissons

et les enfants se portent mieux. La durée idéale d'allaitement maternel pour prévenir le blues post-accouchement pourrait être de six mois. Pendant ce temps, la mère a transféré à son enfant tout son excès de vitamine A.

Quant aux mères qui ne peuvent ou ne veulent pas allaiter, elles ne sont bien sûr pas condamnées à la déprime. Elles devront seulement trouver d'autres manières d'agir sur leur moral et leur énergie. Et elles vérifieront auprès de leur pédiatre que leur bébé n'est pas en carence.

Le bonheur est dans la salle de bains : brosse à dents et dentiste protègent votre bonne humeur !

C'est une évidence mais utile à rappeler. Pour bien manger, il faut des dents en bonne santé. Des dents bien entretenues permettent de se nourrir sainement en mastiquant des fibres, des fruits et des légumes.

Les dents en bon état sont aussi un indice de bonne santé globale. Ceux qui surveillent leurs dents évitent des infections locales et générales. Ils se protègent de bien des douleurs et diminuent aussi leur risque de fatigue, d'inflammations et même d'infarctus. Les dents et les gencives en mauvais état sont une porte d'entrée pour les bactéries et les virus. Les dents et les gencives saines protègent de ces attaques. Une étude de la Harvard Medical School avait montré que les personnes qui utilisent du fil dentaire vivent en moyenne 6,4 ans de plus que les autres. L'effet sur la longévité et la qualité de vie ne vient pas seulement du fil dentaire mais d'un style d'existence où l'on prend soin de soi et où l'on choisit des comportements favorables à sa santé.

La santé des dents agit aussi sur le moral. Se brosser les dents régulièrement, deux fois par jour ou même après chaque repas, et consulter son dentiste une fois par an sont une manière peu connue de rester de bonne humeur. Vous êtes ainsi protégé des coups de découragement et même des dépressions les plus graves. Les infections et inflammations des dents mal soignées provoquent, parmi bien d'autres troubles, une souffrance du cerveau et parfois une déprime.
Négliger ses dents installe dans un cercle vicieux. Lorsque l'on est mal dans sa peau, on peut se laisser aller et ne plus se brosser assez, ou assez bien, les dents. La mauvaise hygiène dentaire provoquée par la déprime l'aggrave encore. Au-delà des effets possibles sur le cerveau et sur l'humeur, il est difficile d'avoir une bonne image de soi avec une mâchoire en triste état. Les amis s'en aperçoivent et n'osent rien dire... Les antidépresseurs n'arrangent rien. Certains d'entre eux provoquent une sécheresse de la bouche néfaste à l'état des dents et des gencives.
Prendre soin de ses dents initie au contraire un cercle vertueux. De bonnes dents donnent la possibilité et l'envie de mieux se nourrir, de sourire et de

ne pas se limiter aux aliments vite avalés trop riches en sucres et en graisses. Avec des dents saines, vous pouvez manger autre chose que de la *junk food* qui fait grossir et contribue à abaisser votre estime de vous-même. Enfin, en vous intéressant à la santé de vos dents, vous modérez ou arrêtez aussi ce qui leur fait du mal et fait du mal au moral comme l'alcool et le tabac.

Supprimez le miroir grossissant de votre salle de bains

Vous pouvez faire évoluer le regard que vous portez sur vous-même. Quelques principes simples vous aident à vous apprécier davantage :
- Vous essayez d'attacher autant d'importance au positif qu'au négatif.
- Vous n'êtes pas obligé de vous fixer sur vos défauts, car ce n'est pas la bonne manière de les corriger.

Imaginez... C'est le matin. Vous vous regardez dans un miroir grossissant, et vous vous faites peur. Ces inventions censées nous aider à nous préparer sont d'une cruauté absolue. Les hôtels qui en installent ne font pas de bien au moral de leurs clients. Vous voyez tous les petits défauts de votre peau, les taches et les rides. Vous êtes exposé à la déprime que provoque une plongée trop brutale et détaillée dans votre réalité la plus crue. Il est bon pour la santé de l'esprit de mettre de côté ces glaces trop fidèles.

Les miroirs grossissants sont parfois aussi psychologiques. Mieux vaut renoncer aux bilans de sa vie trop complets...

Si vous aviez enregistré tout ce qui vous est arrivé dans la vie et que vous le revoyiez chaque matin, vous recevriez un sacré coup sur la tête. Vous verriez réapparaître des histoires que vous avez réussi à oublier, des petites scènes que vous avez cachées pour vous protéger.

Une petite pointe de flou en se préparant ou en faisant le bilan de sa journée ne fait pas de mal. Nous avons le droit de garder dans l'ombre ce dont nous sommes le moins fiers. Le déni est une sorte de défense immunitaire. Face au pessimisme qui grossit les défauts, il est une bonne parade. Tout gommer de soi est une maladie. Tout garder de soi est à peine plus sain. Votre image ne perd rien à être un peu estompée sur les bords, dans les zones moins flatteuses.

Les tableaux hyperréalistes, ceux qui ne nous font grâce d'aucun détail, sont bien plus déprimants que les images un peu floues, les pastels et les aquarelles. La sagesse populaire dit qu'il n'y a pas de grand homme pour son valet de chambre. Il n'y a pas non plus d'être vraiment heureux qui examine sa vie dans les moindres recoins.

La bonne humeur naturelle
sans médicament : dormir dans le noir complet

On a longtemps cru que le sommeil était un marqueur de la bonne ou de la mauvaise humeur. C'est encore vrai. Quand on se sent bien, on s'endort plus facilement que si les soucis défilent et vous retiennent éveillés. Une découverte récente dit que le sommeil est aussi un producteur de bonne ou de mauvaise humeur. Un cerveau qui dort suffisamment se recharge en énergie et c'est tout l'organisme qui est en bonne santé. Il y a des coups de déprime directement dus à un mauvais sommeil. S'occuper de son sommeil est donc une manière très efficace de prendre soin de son bien-être. Une équipe japonaise vient de découvrir que l'on a meilleur moral quand on dort dans l'obscurité complète. Celles et ceux qui gardent des lampes allumées la nuit sont plus atteints par la déprime. Ils croient que la veilleuse les rassure. En fait elle les empêche de profiter des effets de reconstruction de l'énergie et des émotions qu'opère le sommeil dans le noir complet. La lumière pendant la nuit perturbe les rythmes biologiques veille-sommeil. Les taux de mélatonine diminuent et l'horloge interne se règle moins bien. Nous avons besoin, pour être en forme, d'alternance entre l'obscurité complète et la vive lumière. D'ailleurs, c'est par cette alternance que l'on sort du décalage horaire et que l'on se cale sur un nouveau fuseau quand on voyage.

Il y a plusieurs manières de subir de la lumière durant la nuit. Certains lisent, d'autres regardent la télévision ou l'écran de leur ordinateur. Idéalement, dans les périodes de nuit profondes, toutes ces merveilles technologiques devraient être éteintes. Le téléphone est sur la position « ne pas déranger ». Il ne vibre pas, ne sonne pas et ne s'éclaire pas non plus. Par contre, dès le matin, ne soyez pas avare de lumière pour vous réveiller et vous motiver. C'est par la lumière que votre corps et votre esprit s'activent pour la journée qui commence.

Dormez sans somnifères

Une nuit blanche n'est pas grave. Elle ne risque pas de vous déprimer. C'est simplement une expérience désagréable que d'attendre le sommeil sans le trouver.

Votre bonne humeur ne commence à être en danger que si vous prenez des médicaments pour dormir.

Les différents tranquillisants ont un effet toxique prouvé sur le moral et l'énergie. Ils assomment et vous permettront certes de vous endormir facilement, mais au bout de deux à quatre semaines, ils commencent à désorganiser vos rythmes veille-sommeil et vous exposent à des coups de déprime. Ils peuvent créer des déprimes toxiques ; on ressent alors un manque dès que l'on en diminue les doses.

Si vous avez du mal à vous endormir, il y a de bien meilleures manières de vous en sortir que de prendre – surtout tout seul – des somnifères. Rappelez-vous tout d'abord que la fatigue du coucher se fabrique pendant toute la journée. Plus vous avez été dynamique le jour, plus vous serez fatigué le soir. Au moment du coucher la meilleure attitude consiste à éviter les excitants comme le café, l'alcool et la cigarette. Je suis étonné du nombre d'hommes et de femmes qui prennent des produits pour s'exciter dans la journée et enchaînent avec un somnifère au coucher.

Il est aussi recommandé de ne pas se mettre au lit trop tôt. Rien ne sert de vouloir s'endormir à tout prix à une heure qui n'est pas la sienne et de chercher pendant des heures un sommeil qui ne vient pas. On ne se couche que pour dormir et à un moment où l'on a des chances raisonnables de s'endormir.

Un réveil près de soi pendant la nuit n'est pas non plus une bonne idée. Vous allez être tenté de le regarder et allez augmenter votre agacement face au sommeil qui se fait attendre.

Il en est de même des longues séquences sur le Net avant de dormir. Elles font intégrer à votre cerveau des signaux lumineux et le préparent à l'action plus qu'à la déconnexion. Toutes ces mesures simples garantiront plus votre bonne santé et votre bonne humeur qu'une prise prolongée de médicaments somnifères inutiles et surtout à terme déprimants.

Le paracétamol gomme les accès de bonne humeur

Le paracétamol est un médicament antidouleur et anti-inflammatoire banal. On l'utilise en cas de rhume, grippe et diverses douleurs. Le paracétamol est l'antalgique le plus utilisé en France comme aux États-Unis. Une prise trop importante de paracétamol peut donner de graves maladies du foie.

Un autre effet gênant vient d'être démontré. Le paracétamol rend moins sensible aux émotions positives. Quand on présente à des volontaires des images plaisantes, ils éprouvent moins de sensations agréables une heure après avoir avalé un comprimé de paracétamol. Les mêmes volontaires sont moins atteints par les images tristes sous paracétamol. Ce médicament aide à supporter les douleurs physiques mais il crée aussi un état d'indifférence de l'esprit dont on ne se méfie pas assez. Les consommateurs réguliers anesthésient leur corps et leur esprit. Ils risquent de moins profiter des plus grands moments de joie.

Prendre de temps à autre un comprimé pour mieux supporter une douleur ne plonge évidemment pas dans une profonde déprime. Il n'est quand même pas souhaitable pour son énergie et son moral de consommer tous les jours ce produit moins banal qu'il n'en a l'air. En le diminuant, vous ferez du bien à votre foie et à votre humeur. Et vous vous rappellerez qu'il vaut mieux traiter les causes des douleurs plutôt que de les masquer.

Adoptez l'effet Mozart

La musique est utilisée couramment comme une médecine dite « complémentaire ». Elle diminue les sensations de douleur par exemple chez les enfants après une opération chirurgicale. Elle aide les malades hospitalisés à récupérer plus vite et à rentrer plus tôt chez eux. La musique bien utilisée est un ingrédient essentiel d'un style de vie antidéprime. Il y a des musiques qui détendent, d'autres qui motivent et d'autres encore qui activent notre nostalgie. Certains morceaux de musique ont un effet magique sur l'humeur.

L'action euphorisante la plus régulière et troublante est ce que l'on appelle l'effet Mozart. Quelques mesures du compositeur viennois stimulent et rendent euphoriques la plupart d'entre nous. Parmi les œuvres de Mozart, le morceau le plus « prescrit » comme antidépresseur est la *Sonate pour deux pianos Köchel 448*. Vous pouvez faire confiance à Murray Perahia et à Radu Lupu pour une version particulièrement euphorisante.

L'effet Mozart n'a rien d'un effet placebo. Les recherches « psycho-musicales » démontrent une action objective sur le cerveau. Les études du fonctionnement du cerveau trouvent que les neurones résistent mieux au stress grâce à l'effet Mozart. Mozart fait aussi augmenter une hormone cérébrale : le facteur de croissance neuronal. Pour le dire autrement, la musique de Mozart fait repousser les nerfs abîmés. *La Sonate Köchel 448* a été utilisée pour aider les nouveau-nés prématurés à reconstituer leurs neurones pendant ou après leur séjour à l'hôpital. Ce traitement efficace et sans danger de la déprime est à portée de main. Encore faut-il le connaître et y consacrer un peu de temps.

Deux autres morceaux de musique agissent sur les neurones et sur la bonne humeur : le *Concerto italien* de Bach et le *Concerto Grosso* pour piano d'Arcangelo Corelli. Pour le *Concerto italien* de Bach, je vous conseille le jeu d'une jeune pianiste française, Claire-Marie Le Guay. Elle vous transportera vers l'apaisement et l'euphorie.

Le temps idéal d'« exposition » musicale pour ressentir le plus de bien-être est de cinquante minutes. La musique profite encore plus au moral si on l'écoute dans un environnement confortable, calme, sans distraction désagréable ni stress. Les tests conduits en laboratoire proposent de recommencer l'expérience chaque soir pendant au moins un mois.
Si vous n'aimez pas la musique classique, vous pouvez vous inspirer d'une dernière expérience toute récente qui a démontré que le heavy metal (chez ceux

qui le supportent, bien sûr) est aussi bon pour le moral que Bach ou Mozart. Dans ce cas, la musique ne vous détend pas. Elle vous motive et vous stimule. Les paroles et les sons vous font sortir de la déprime et de vos ruminations moroses.

Les nouveaux sites de musique en ligne, quand ils vous proposent des playlists à thème, appliquent sans le dire l'effet bénéfique de la musique sur le moral. Ils vous font choisir entre des morceaux de détente, de romantisme ou de fête. L'idéal est d'aller jusqu'au bout de la liste et de travailler sa concentration sur la sensation musicale pour que ceux-ci exercent toute leur action antidéprime.

Faites l'amour, pas la tête

L'amour est plus actif sur le blues qu'un antidépresseur… et bien plus agréable !

Tout est bon dans l'amour, que ce soit :

- l'amour passion, au moment où rien d'autre que la présence de l'être aimé ne m'intéresse,
- l'amour compagnon, avec sans doute un peu moins de fougue mais plus d'activités en commun,
- le plaisir et le désir sexuels.

Même si les histoires d'amour qui finissent mal nous plongent dans le désarroi, le bilan de l'amour sur l'humeur est globalement positif. Quand des psychologues suisses ont dû chercher un modèle de bien-être du corps et de l'esprit, ils n'ont trouvé que le grand amour. C'est en étant amoureux ou amoureuse que l'on se sent le plus dynamique et le plus exalté. On déborde d'énergie et l'on n'a pas autant besoin ni envie de dormir. L'amour fait du bien au cœur. Les hormones du stress baissent, les artères sont moins contractées. Par toutes ses actions, l'amour augmente la longévité, la qualité de vie et le moral.

Les amoureux font monter leur taux de **sérotonine**, un neuromédiateur de la bonne humeur. Ils sont dans l'état de quelqu'un qui prendrait un antidépresseur sans en subir les effets secondaires. L'action la plus euphorisante apparaît quand une relation dure plus d'un mois. Le bien-être augmente et avec lui les taux de tous les médiateurs du cerveau. Les neurones sont en pleine action. L'amour augmente aussi le taux de dopamine dans le cerveau. Cette dernière détermine l'envie d'accomplir des activités nouvelles et stimule les lymphocytes qui protègent des infections. Les amoureux résistent à la fatigue, aux rhumes et aux coups de blues.

L'autre molécule de l'amour est l'**ocytocine**. Elle est à la fois l'hormone de l'amour et de la fidélité. C'est elle qui donne envie, chez l'homme comme chez l'animal, d'aller chercher un compagnon ou une compagne et de rester à ses côtés. Dans le même temps, l'ocytocine fait du bien aux vaisseaux. Elle diminue la tension et les hormones du stress comme le cortisol.

Il n'y a pas que le plaisir sexuel qui soit bon pour le corps et l'esprit. Nous avons aussi besoin d'émotion amoureuse. Savoir que nous tenons à quelqu'un et que l'autre tient à nous agit comme un médicament… là encore sans ordonnance ni effet indésirable. La biologie et la psychologie encouragent à faire des efforts pour séduire ou se laisser séduire.

Amour et humour

« Un petit mot sur la contraception orale. J'ai demandé à une fille de coucher avec moi et elle a dit non. »

Woody Allen

Les résultats de la science la plus sérieuse incitent aussi à être patient dans les premiers temps d'une idylle. Il est normal d'être nerveux et parfois irritable au moment d'un coup de foudre. Une rencontre passionnée fait baisser la sérotonine et crée une forme de stress. Au bout de quelques jours ou de quelques semaines, le bouleversement est remplacé par une action favorable sur la bonne humeur.

Un indice biologique de bien-être amoureux est la baisse de la **testostérone**. On retrouve cette hormone chez l'homme et la femme et ses taux sont modulés par l'amour dans les deux sexes. Il faut, pour profiter de la baisse de la testostérone et de son effet antistress, être vraiment en présence de son amoureux ou amoureuse. La testostérone baisse quand on a des relations sexuelles ou quand l'autre est avec nous, physiquement proche. Les amours à distance créent moins de détente et font moins baisser la testostérone.

Si l'on compare la manière dont l'amour fait plaisir et apaise les hommes et les femmes, les résultats ne sont pas les mêmes. Les femmes diminuent leur tension et leur testostérone avec la fréquence des relations sexuelles. Chez l'homme, la tension se calme, la bonne humeur s'installe et la testostérone baisse avec une relation nouvelle ou des activités inédites avec la même partenaire. À chacune et chacun de tirer les conséquences personnelles de ces résultats.

Aimer fait pousser les neurones

Quand vous êtes amoureux, non seulement vous êtes de meilleure humeur, mais en plus vous faites pousser vos nerfs. Le facteur de croissance des nerfs (*Nerve growth factor*) augmente grâce à l'amour. Il vous protège des coups de déprime et même de l'Alzheimer. Plus le sentiment amoureux est intense, plus le facteur de croissance des nerfs augmente. Vous saviez que vous agissiez sur votre bonne humeur avec de la gymnastique. N'oubliez pas d'autres activités bien agréables qui feront pousser vos neurones.

Une étude a mesuré l'effet de l'amour sur le cerveau chez les couples. Ces couples ont été vus au moment de leur rencontre et quarante mois plus tard. Ceux qui, après quarante mois, étaient encore amoureux et de bonne humeur avaient vécu une histoire amoureuse :
— stimulant les zones profondes de leur cerveau,
— provoquant un sentiment de relative indifférence à ce qui ne concernait pas leur couple.
Les deux conditions d'un amour actif contre la déprime sont ainsi l'intensité du plaisir et du désir et la capacité, partagée en couple, à se laisser des moments où l'on ne s'intéresse qu'à soi. Les amoureux sont seuls au monde. Les amoureux capables de s'isoler sont les plus stimulés au niveau du cerveau comme de l'humeur.

Regardez baisser votre tension en cultivant l'antidéprime

Vous avez peut-être l'habitude de prendre votre pouls quand vous faites du sport. En plein effort, votre cœur s'accélère et votre tension monte. La mauvaise humeur a les mêmes effets sur le cœur qu'une activité physique intense. Tout se passe comme si un coup de déprime mettait votre corps dans un état proche de celui qui vient de s'épuiser en courant ou en faisant du vélo.

Si vous prenez votre pouls pendant un moment de blues, vous allez vous apercevoir que votre cœur bat plus vite. C'est la faute aux décharges d'adrénaline. Cette hormone dépend de notre niveau de bonne ou mauvaise humeur. Si nous nous sentons en sécurité, nous faisons baisser notre adrénaline. Si nous doutons de nous, si nous avons peur ou que nous sommes tristes, l'adrénaline s'envole. L'adrénaline est ainsi l'une des rares hormones dont le déclenchement est exclusivement placé sous le contrôle de l'esprit. Le danger objectif compte moins pour activer l'adrénaline que la manière dont nous ressentons le risque. Un psychologue espagnol avait montré que les toréadors sont moins frappés par la déprime et que leur tension monte moins que celle des hommes ou femmes espagnols qui jouent au poker ou à la belote le samedi après-midi.

Quand vous êtes de bonne humeur ou détendu, vous ralentissez votre cœur. Vous bloquez l'effet stressant et stimulant de l'adrénaline. Ainsi vous êtes doublement gagnant quand vous cultivez des moments de détente, de relaxation ou de bien-être. Vous faites du bien à vos émotions, à votre cœur et à vos artères.

Comment la bonne humeur calme le cœur

Bonne humeur
↓
Adrénaline au repos
↓
Meilleure santé du corps et de l'esprit
↓
Baisse de la fréquence cardiaque et de la tension

Si un coup de déprime dure, une autre hormone se met en action : les corticoïdes. Leur effet est celui d'une défense prolongée. Avec l'adrénaline, vous étiez prêt à contrer une attaque surprise. Avec les corticoïdes, vous résistez à un siège, à une guerre d'usure. Les situations qui déclenchent le plus les corticoïdes sont :

- les rendez-vous amoureux ou de travail pour lesquels on réfléchit trop à ce qui pourrait se passer,
- les épreuves à l'issue imprévisible, quand nous ne savons pas ce qui va nous arriver et que nous anticipons à tort le pire,
- les situations incontrôlables vécues comme des menaces.

Tout ce qui va vous permettre de diminuer la charge d'anxiété qu'accompagnent ces rendez-vous va aussi calmer vos pics de corticoïdes. Une fois encore, la santé de l'esprit va de pair avec celle du corps.

138

Un vaccin contre la déprime ?

Les coups de déprime et les infections se ressemblent beaucoup. Dans un cas comme dans l'autre, vous êtes fatigué, énervé et vous n'avez pas autant d'envies que d'habitude. Vous n'avez qu'une idée, rester dans votre coin ou votre lit le temps que passent les frissons, les courbatures et les coups d'épuisement. Certaines infections comme la grippe ou la toxoplasmose laissent dans leur suite un état qui ressemble beaucoup à un accès de découragement. On retrouve dans de rares cas des hommes et des femmes qui n'ont plus l'énergie ni l'envie de reprendre leurs loisirs et leur travail après une infection.

Dans la suite de ces observations, les chercheurs testent les liens entre infection et déprime. Ils comparent les cellules des déprimés et de ceux qui ne le sont pas et ils cherchent s'ils ont été exposés à des virus ou bactéries différents.

Les chercheurs les plus optimistes imaginent un temps où ils auront trouvé les virus et les bactéries à l'origine de la déprime. Il ne leur restera plus qu'à mettre au point un vaccin protégeant à la fois d'une infection et de la déprime. Aujourd'hui, le vaccin de la déprime n'est pas encore inventé. Il est conseillé, pour aller bien dans sa tête comme dans son corps, de se tenir à jour des vaccins conseillés par le calendrier médical classique.

Le médecin généraliste est l'interlocuteur irremplaçable dans le domaine de votre santé. Se protéger d'une maladie infectieuse banale est une bonne technique pour éviter la fatigue et le coup de blues qui peut suivre.

Dernière idée. Si vous contractez quand même une infection banale, n'exigez pas de votre médecin des médicaments qui pourraient vous faire plus de mal que de bien. Les antibiotiques, c'est pas automatique (!) et les antidépresseurs ne servent à rien sur la fatigue qui suit une infection. Mieux vaut changer votre style de vie qu'attendre d'un médicament une guérison miraculeuse qui ne viendra pas. En pratiquant des exercices de bonne humeur, vous allez aussi renforcer vos défenses immunitaires.

L'histoire est étonnante mais vraie. Des volontaires, moyennant une indemnité, ont été exposés à un virus provoquant un rhume. On a cherché qui avait été ou non contaminé. Ceux qui étaient d'humeur joyeuse étaient moins souvent atteints. S'ils s'enrhumaient quand même, leurs symptômes étaient moins graves quand ils les prenaient sans les dramatiser.

Les qualités suivantes, quand on se les attribue, protègent des virus :
• je me sens vivant,
• je suis énergique,
• je me trouve heureux,
• je suis satisfait de ma vie,
• j'ai confiance en ma bonne nature.

Les chercheurs américains à l'origine de l'expérience ont été tellement étonnés par les résultats de leur première étude qu'ils l'ont recommencée.

Ils ont mis d'autres volontaires en présence du virus du rhume. Les résultats ont été les mêmes. Ceux qui sont actifs, pleins d'énergie, résistent nettement mieux aux agressions extérieures.

On commence à comprendre comment la bonne humeur et un style de vie antidéprime agissent sur la résistance aux virus. Se voir sous un jour favorable permet d'avoir une meilleure immunité. On sécrète plus d'immunoglobulines A et les lymphocytes (cellules anti-agression) sont plus actifs. En souriant, en adoptant un rythme de vie antidéprime, vous tiendrez à distance vos angoisses et les menaces infectieuses que vous croisez.

La bonne humeur agit sur le diabète

L'histoire de sept cents diabétiques, âgés de soixante ans en moyenne et vivant aux États-Unis, a démontré le poids de la bonne humeur sur les maladies considérées comme purement physiques.

Les émotions ont un effet indirect sur la régulation du taux de sucre. Celles et ceux qui ont un diabète mieux contrôlé se voient comme :

- des êtres heureux,
- des personnes qui apprécient la vie en général et leur vie en particulier,

— des êtres pleins d'espoir,
— des malades peut-être, mais qui se dépassent et se sentent aussi bien et aussi bons que la plupart des gens.

Les diabétiques qui ont une bonne image d'eux-mêmes ont un diabète moins grave. Ils ont moins besoin d'insuline et leur taux de sucre est plus bas. Les hormones du stress comme l'adrénaline font monter leur taux de sucre ou rendent l'insuline moins active. La phrase qui apporte le plus de longévité et de bonne santé est : « J'apprécie ma vie. »

Encore un argument pour cultiver la bonne humeur. Si vous posez à cinq cents malades sortant d'un hôpital une seule question : « Appréciez-vous les choses autant qu'avant et y trouvez-vous autant de plaisir ? », vous pouvez prédire la manière dont ils se comporteront. Leur réponse et leur bonne ou mauvaise humeur conditionneront la manière dont ils vont surmonter la maladie pour laquelle ils ont été hospitalisés. La bonne humeur crée la bonne santé en protégeant l'organisme des maladies vasculaires et des pics d'adrénaline que provoque le stress. Voici, s'il en était besoin, un argument de plus pour vous convaincre qu'en vous protégeant de la déprime, vous soulagez votre santé globale, celle du corps comme celle de l'esprit.

LE SOURIRE AUGMENTE LES MOLÉCULES DE LA BONNE HUMEUR

Je me ris de tout maître qui n'a su rire de lui-même.

Friedrich Nietzsche

Bien sûr que le rire et le sourire spontanés sont les meilleurs. Pourtant, il arrive des moments où les choses de la vie ne nous incitent pas à sourire et encore moins à rire. Faut-il se laisser aller à la morosité ou chercher par tous les moyens une raison de rire quand même ? Vous vous doutez de la réponse. Mieux vaut un rire un peu forcé, un peu mécanique qu'un abandon dans les bras de la mélancolie. La tristesse s'auto-entretient. Le rire aussi. Après celui que l'on s'impose viendra un rire plus naturel.

Il existe un art ou une science du rire. Savoir rire ou sourire est une qualité importante. Elle constitue la base du bien-être et de la santé. En riant, vous bloquez les hormones du stress, vous détendez vos muscles après les avoir contractés et vous libérez les molécules cérébrales qui rendent de bonne humeur. Les hommes et les femmes qui sourient sont des sages qui cultivent leur bonne santé sans toujours le savoir. Ils ont plus d'amis et de vie amoureuse. Leurs interactions sociales, amicales et amoureuses sont des déterminants de la bonne santé. Leur cerveau est plus stimulé grâce aux échanges. La contradiction et les petites contraintes que leur imposent leurs proches leur font aussi du bien...

Souris puisque c'est grave

Ce n'est pas moi qui vous le dis, c'est le chanteur Alain Chamfort :

Souris puisque c'est grave
…
Quand l'sort s'acharne
C'est trop vulgaire
De fondre en larmes

Le philosophe Alain racontait comment il se tirait des situations les plus difficiles de sa vie en souriant. Il prenait l'exemple de deux personnes qui se bousculent dans la rue sans le faire exprès. Celui qui est capable de sourire sans se moquer met fin à ce qui aurait pu dégénérer en dispute ou en bagarre.

Vous vous sentez menacé, inquiet, sous pression. Si vous arrivez à sourire, la tension commence à retomber. Votre corps se sent mieux et votre angoisse diminue. Votre aspect extérieur agit sur vos émotions. Vous ne pourrez pas longtemps rester en colère si vous faites un effort volontaire sur vos zygomatiques et que vous vous obligez à sourire. Ce petit mouvement de bouche est un geste qui sauve et qui agit directement sur l'état de votre cerveau.

Parlez en souriant pour éclaircir votre voix

Une journaliste était passée de la rédaction d'un site Internet à la présentation des informations en direct à la télévision. Elle se trouvait stressée et avait peur d'échouer dans sa nouvelle tâche. Je lui ai donné l'idée de parler en souriant, de commencer à sourire avant de prendre l'antenne et de continuer à sourire pendant toute son émission. Sa voix a changé dès qu'elle a forcé sur ses zygomatiques. Elle était plus claire, plus affirmée. Ses pensées et son humeur ont suivi, moins sombres, moins inquiètes. Elle est revenue me voir très contente en me faisant quand même un reproche. « Vous auriez pu me dire que le sourire n'aide pas seulement à travailler. Maintenant que j'ai découvert les effets du sourire à la radio, je m'en sers aussi dans ma vie privée. Quand mon ami rentre, je souris. Oh, pas un sourire béat, mais un petit sourire. Nous communiquons mieux et je vois que je peux demander tout ce que je veux, faire des reproches ou des remarques en gardant une ambiance tranquille. »

Travailler ses deux sourires

Nous avons à notre disposition deux sourires, le sourire spontané ou sourire sans raison et le sourire de communication en réponse à celles et ceux qui nous parlent, nous écoutent ou nous font plaisir. On peut entraîner l'un et l'autre de ces sourires. Le premier se travaille quand on est seul. Vous pensez à une idée agréable et vous souriez. Vous allez observer la manière dont votre corps et votre esprit se détendent. Le rythme du cœur se ralentit. La tension artérielle baisse. Vous pouvez aussi utiliser le sourire solitaire pour contrer les coups de déprime. Au début cela va vous paraître artificiel. Mais vous allez vite vous apercevoir que le sourire tient la déprime en respect.

Rien ne vous empêche d'aller peaufiner devant un miroir votre sourire spontané. À quoi ressemblez-vous quand vous souriez ? N'exagérez-vous pas le mouvement ? Ne faites-vous pas une grimace ? N'avez-vous pas l'air moqueur ? Tous ceux qui ont pour métier de communiquer ont un jour appris la meilleure manière sourire.

Quand vous maîtrisez le sourire solitaire, exercez vos talents en groupe. Le sourire de communication se travaille en famille, avec les amis ou au bureau. Vous êtes à l'affût du moindre sourire venant d'un collègue ou d'un parent et vous y répondez. Si vos partenaires de vie ou vos collègues ne sourient pas assez, prenez les devants. Vos premiers sourires risquent d'être un peu forcés, un peu crispés. Ne vous découragez pas. Le bon sourire ne s'attrape pas en un jour. Nous avons plus de talent naturel pour faire grise mine que pour sourire. Personne n'a besoin de s'entraîner à pleurer, à se fâcher ou à se mettre en colère. Il y a des professionnels de la morosité qui cherchent toutes les occasions de vous dire à quel point tout va mal et ira encore plus mal demain. Vous pouvez et devez cultiver une autre expression pour protéger votre bien-être.

Une fois que vous tenez votre sourire solitaire et votre sourire de communication, vous entrez dans un cycle de communication positive. Votre état d'âme est contagieux et il induit chez celles et ceux qui vous regardent d'autres sourires de communication. Vous allez vite en mesurer les effets. Vos discussions deviennent plus faciles et les amis vous rappellent plus souvent. Même votre potentiel de séduction va augmenter.

Les expériences les plus récentes confirment les effets du sourire

Un photographe a repris les portraits de 230 joueurs de base-ball du championnat américain en 1952. Il a mesuré leur sourire et l'a noté avec une échelle de sourire :
1 pour l'absence de sourire,
2 pour un petit sourire en coin,
3 pour un grand sourire avec les yeux et la bouche.
Les résultats de son étude sont étonnants. Les joueurs de base-ball qui avaient un sourire à 3 en 1952 ont vécu plus longtemps que ceux qui ne souriaient pas. Les joueurs souriants ont eu sur une période de cinquante ans, entre 1952 et 2002, un taux de mortalité divisé par deux.

Comment le botox agit sur le cerveau

Une autre observation inattendue démontre les effets bénéfiques du sourire. Même involontaire, il fait du bien. Le botox est une toxine qui bloque les muscles et diminue les rides. Injecté dans les muscles du visage, il améliore aussi l'humeur en vous faisant sourire. Le botox empêche de froncer les sourcils et rend plus difficiles les expressions moroses. Le résultat surprenant est que l'on se sent aussi de meilleure humeur.

Une injection de botox diminue de moitié les scores de dépression mesurée avec des échelles de bonne et mauvaise humeur. Psychologues et neurobiologistes se demandent comment une action extérieure sur le visage agit aussi puissamment sur l'humeur. Quelques explications émergent qui défendent toutes l'importance du sourire.

Le sourire fait travailler les muscles corrugateurs. Ces petits muscles du visage font relever ou retomber les sourcils. Ils n'agissent pas que sur le visage. Par des connexions avec le cerveau, ils augmentent le taux des molécules de la bonne humeur. Quand vous souriez, même en vous forçant un peu, vous agissez sur vos neuromédiateurs. Vous vous faites une injection naturelle d'antidépresseur et vous augmentez la quantité de dopamine active dans votre cerveau.

J'hésite un peu à vous le dire mais je crois qu'il est utile de faire chaque jour un peu de gymnastique faciale pour s'exercer à sourire. Activez vos zygomatiques et vos muscles corrugateurs comme vous travaillez vos autres muscles. Froncez et défroncez les sourcils et étirez les coins de votre bouche pour faire un sourire bouche fermée. Vous pouvez aussi vous familiariser avec le grand sourire, la bouche entrouverte, à la limite du rire.

Je demande souvent à mes consultants de s'entraîner à sourire devant moi. Au lieu de pleurer en consultation, ils esquissent un petit sourire. Ils sont tout intimidés, comme si ce mouvement révélait une part d'eux presque honteuse. Pleurer en consultation c'est normal, mais sourire ! Ils écartent à peine les lèvres, ils rougissent, mais ils finissent par prendre goût à cette expérience nouvelle.

Conservez précieusement vos blagues les plus idiotes

Vous accablez votre entourage quand vous racontez pour la millième fois une histoire qui ne fait rire que vous ? Rien de grave. Insistez. C'est votre manière de protéger votre bonne humeur. C'est votre botox personnel. L'humour, raffiné ou pas, est une arme de destruction massive de la déprime. Quoi qu'ils vous en disent, vos amis et votre famille vous préfèrent souriant(e) plutôt que morose et l'on pardonne beaucoup à celles et ceux qui nous font rire.

Peut-on apprendre l'humour ? Sans doute un peu. Je crois surtout que l'on peut corriger une double erreur de jugement consistant :
— à se croire dépourvu d'humour,
— à croire que l'humour est une émotion qui manque d'élégance.

Celles et ceux qui n'osent pas l'humour ne l'ont en fait pas assez pratiqué. Ils s'imaginent que cette relation au monde n'est pas faite pour eux. Ou alors ils confondent l'humour positif anti-déprime et l'humour sarcasme, le rire gras raciste ou misogyne, fait d'agressivité sur les autres, sur celles et ceux qui sont différents de nous. La meilleure manière d'apprendre à pratiquer soi-même l'humour est de regarder comment vos proches se débrouillent quand ils veulent vous faire sourire. Ne vous moquez pas de leurs efforts. Essayez plutôt de les imiter.

Le comble de l'optimisme ?

Entrer dans un grand restaurant trop cher pour soi, commander une douzaine d'huîtres et compter sur la perle qu'on ne manquera pas de trouver dans l'une des huîtres pour payer l'addition.

Sourire des drames de son passé ?

La psychologie moderne est prête à tout, même à vous faire changer la tonalité de ce que vous avez vécu de pire. Vous pouvez vous exercer à revivre les événements passés, désagréables ou traumatisants d'une nouvelle manière.

Essayez de repenser la scène en transformant votre drame en comédie. Au début, cela va vous paraître impossible. Choquant. On ne rit pas de tout. Mais si vous dépassez vos premiers scrupules, vous trouverez un détail qui va vous faire sourire, une incongruité. S'il n'y en a vraiment pas, vous en inventez un. Vous faites vaciller la toute-puissance du sérieux. Ce qui vous a agressé ne devient pas sympathique ou drôle mais vous pouvez vous en protéger en souriant.

Une enseignante anglaise a pratiqué à Londres un stage de relecture positive de son passé. Cette technique est plus utilisée dans les pays anglo-saxons qu'en France. Elle était allée consulter parce qu'elle subissait des coups de déprime en rapport avec un sentiment de culpabilité. À l'âge de vingt ans, elle avait fait une interruption volontaire de grossesse qu'elle se reprochait longtemps après. Au départ de la thérapie du passé, elle se croyait seule coupable. Elle gardait d'elle l'image d'une jeune fille en larmes, après son avortement. En relisant son passé, la culpabilité a pu diminuer. Si elle était seule, ce n'était pas sa faute. C'est aussi parce que ni le

151

père de l'enfant ni ses parents ne l'ont aidée dans ce moment difficile. Elle s'est repassé mentalement la scène qui la rendait triste et a symboliquement tendu la main à la fille du passé. Elle l'a mieux comprise et mieux acceptée.

Les professionnels du bon sourire

Quelques écrivains se sont fait connaître en trouvant des bons mots qui conjurent les coups de déprime. Il est utile de les garder avec soi. Leurs écrits sont de véritables trousses d'urgence.

Tristan Bernard était un modèle. Le jour où les nazis sont venus l'arrêter à Paris, parce qu'il était juif, il a su leur opposer son esprit. « Je vais passer, a-t-il dit, de l'inquiétude à l'espérance. »

Ouvrez à n'importe quelle page le journal de Jules Renard. Vous y trouverez une raison d'entraîner vos muscles corrugateurs et votre sourire spontané.

- *On ne peut pas pleurer et penser car chaque pensée absorbe une larme.*
- *Quand un homme dit « je suis heureux », il veut dire bonnement, « j'ai des ennuis qui ne m'atteignent pas ».*

À celles et ceux qui regrettent de ne pas vivre un bonheur absolu, on doit apprendre la morale définitive de Jules Renard : « Si l'on bâtissait la maison du bonheur, la plus grande pièce en serait la salle d'attente. »

Rire calme les douleurs et brûle des calories

On commence à traiter les adolescents par le rire et ce traitement est actif. Ils ont ressenti moins de déprime et leurs marqueurs biologiques du stress comme le cortisol ont diminué. L'effet bénéfique du rire a pu être mieux connu. Il stimule les zones profondes du cerveau comme l'amygdale et le thalamus. Un homme ou une femme qui rit diminue son adrénaline (hormone du stress) et produit de la sérotonine. Le rire fait aussi baisser la tension artérielle et apaise le cœur.

Le rire remplace les antalgiques, probablement en diminuant l'attention aux sensations physiques désagréables et en stimulant les endorphines, les morphines que produit naturellement notre cerveau. Si vous avez des douleurs, cherchez des occasions de rire. Si l'on impose de manière expérimentale de petites stimulations douloureuses à des volontaires, on observe que, quand ils rient, ils tolèrent mieux les douleurs. Ils les ressentent moins et sont moins gênés. Celles et ceux qui voient des scènes de comédie ressentent moins la douleur physique que ceux qui regardent un film triste. Une minute de rire diminue autant la sensation de douleur que la prise d'un comprimé d'antalgique.

Le rire, volontaire ou spontané, augmente aussi les défenses immunitaires. On est moins exposé aux infections quand on rit. Enfin, rire fait brûler des calories. L'organisme consomme jusqu'à 20 % de plus d'énergie. Ce n'est pas autant qu'avec un exercice physique intense, mais le rire est une manière bien agréable de mobiliser l'énergie de son corps et de son esprit à la fois.

Les deux conditions du rire

Nous sommes encore très timides dans notre utilisation médicale et psychologique du rire. Nous devrions, pour affirmer un style de vie antidéprime, faire un apprentissage plus systématique de l'aptitude au rire. Vous pouvez vous y lancer tout seul en développant, en même temps ou successivement, deux talents.

La première condition du savoir-rire est l'attention à ce qui est amusant. On rit quand on est attentif à tout ce qui peut représenter une occasion de le faire. Les bons rieurs spontanés en trouvent presque tout le temps. Ils s'appuient sur ce que leur offre leur environnement : une situation banale qu'ils détournent, une comédie dont une réplique leur revient à l'esprit, un mot entendu au hasard et qui les stimule.

La deuxième condition du rire de bien-être est son expression juste. Les bons rieurs ne rient ni trop doucement ni trop fort. Leur rire, naturel ou un peu entraîné, ne s'impose pas, ne dérange pas et ne se cache pas non plus. Ils savent en moduler l'intensité selon les circonstances ou l'entourage entre la gorge déployée et le sourire en coin.

Riez pour vous faire des amis

Si vous cherchez à renforcer une amitié ou à séduire votre partenaire, faites-le rire et riez devant lui. Vous pouvez raconter une histoire drôle et en rire ou alors rire s'il ou elle dit quelque chose d'amusant. C'est là une arme de séduction massive. En riant, vous lui faites comprendre que vous vous sentez bien avec lui ou avec elle. Vous lui envoyez des émotions positives.

Le rire transmet à l'entourage un message de sécurité. Accompagner un rieur, c'est se sentir protégé. Le rieur montre à celui qui l'écoute que les menaces ne sont pas aussi graves qu'on pourrait le croire. Quand, durant une consultation, le patient et son praticien partagent quelques rires, c'est le signe que leur relation est rassurante. Aucun d'eux n'est sur la défensive. Leurs cerveaux, leurs émotions et leurs paroles s'accordent.

Le rire des amis et des personnes que l'on connaît est encore plus contagieux et transmet plus de signaux positifs que le rire des inconnus. Les acteurs célèbres, ceux que l'on a pris l'habitude de voir sur scène ou sur un écran, deviennent comme des amis. Il suffit qu'ils commencent à faire un bon mot ou une grimace pour que leur charme antidéprime opère.

Vous pouvez – ou devez – accepter de rire avec les inconnus qui vous plaisent pour en faire des amis. N'oubliez pas non plus de chercher des occasions de rire avec l'homme ou la femme de votre vie et vos enfants. La relation n'en sera que meilleure. Il n'y a que face aux jurys d'examen que je déconseille aux étudiants de trop manier l'humour !

Remplissez un tableau des meilleurs rieurs

Voici encore une idée pour développer son art du rire. Remplissez un tableau avec trois colonnes.

– Dans la première colonne, vous notez les noms et prénoms de dix personnes que vous connaissez bien. Ne réfléchissez pas. Écrivez les premiers noms qui vous viennent à l'esprit parmi les membres de votre famille, vos amis ou vos collègues de travail.

– Dans la deuxième colonne, vous notez (sans leur dire bien sûr) leur score d'aptitude au rire entre 0 (pas du tout) et 10 (maximum).

– Dans la troisième colonne, vous écrivez en deux mots les situations dans lesquelles ils rient le plus.

Reprenez ensuite votre tableau. Entourez les noms des meilleurs rieurs et comparez-les avec vous. Vous allez avoir des idées sur la manière de progresser dans votre aptitude à rire.

Trois rires par jour

Cet exercice change le regard que vous portez sur votre vie quotidienne. Chaque soir, pendant une semaine, vous allez chercher vos trois principales raisons de rire. Identifiez trois moments que vous pouvez trouver drôles. Le lendemain matin, vous repensez aux trois rires de la veille. La journée commence et vous allez chercher vos trois rires suivants. Après une semaine, vous n'aurez plus besoin de noter vos rires ou de vous en souvenir. Vous aurez pris l'habitude de chercher... et de trouver dans votre journée trois moments agréables et/ou drôles. À défaut, vous aurez su détourner sur un mode amusant trois moments qui au départ ne prêtaient pas forcément à rire.

Un programme taïwanais d'initiation au rire

Le programme qui suit est un peu « technique ». Regardez-en au moins les principes même si vous ne les appliquez pas tous. Ils auront le mérite de vous convaincre d'une vérité trop souvent oubliée sur soi-même. On peut apprendre ou réapprendre à rire sans que cela soit ridicule. Et si vous préférez votre propre méthode et vos propres livres ou films drôles, ne changez rien. Personnellement, j'ai plus confiance en Michel Audiard et une rediffusion des *Tontons flingueurs* qu'en ce programme. Mais l'un et l'autre peuvent se compléter.

1 – Détente.
Pendant trois minutes, vous étirez vos muscles, vous vous penchez en avant et vous vous touchez

les chevilles en croisant les mains. La main droite attrape la cheville gauche et la main gauche la cheville droite. À la fin de la séquence, vous vous étirez à nouveau comme si vous sortiez de votre lit.

2 – Réchauffement du corps.

En quatre minutes, vous respirez plus profondément, en ressentant les mouvements de votre diaphragme. Vous voyez votre ventre se remplir d'air puis se vider. Vous baissez votre menton au moment de l'expiration. C'est à ce moment que vous commencez à émettre des sons ressemblant à ceux de votre rire habituel. Vous produisez les sons trois fois. La première fois rapidement, en une à deux secondes, une deuxième fois encore assez vite en trois à cinq secondes, et une dernière fois lentement en huit secondes. Le troisième son peut ressembler à une ébauche de chant.

3 – Faire vivre son corps et son esprit.

Pendant dix minutes, vous allez chercher des émotions fortes et des sensations physiques. Représentez-vous des moments chargés d'émotion et visualisez-les. Les émotions à vivre dans son corps et son esprit sont par exemple : J'ai froid. Je suis en colère. J'ai peur. Vous pouvez vous faire trembler quand vous ressentez de la peur. Vous terminez l'exercice par des rires à haute voix. Mesurez à quel point le rire va chasser les émotions et sensations précédentes, de froid, de colère et de peur. Vous avez le droit à la fin de cette étape de vous moquer de vos angoisses et de votre déprime. La séquence se termine par deux minutes de rire sans interruption.

4 – Relaxez-vous pour finir.

En cinq minutes, vous relaxez votre corps et votre esprit. Vous pouvez passer vos mains sur vos bras, vos jambes et votre visage. Vous faites un geste comme si vous vous laviez et vous terminez en massant votre visage.

4.

CULTIVEZ
VOTRE ESPRIT ANTIDÉPRIME

*J'étais furieux de n'avoir pas de souliers,
alors j'ai rencontré un homme qui n'avait pas de pieds
et je me suis trouvé content de mon sort.*

Proverbe chinois

*La vie sans les maux qui la rendent grave
est un hochet d'enfant.*

Jean Cocteau

Vous savez assouplir vos tendons et vos muscles avant un effort. Vous pouvez aussi apprendre à penser de manière plus souple, à être capable de changer d'avis et à intégrer deux points de vue en même temps. Vous quittez vos certitudes, vos *a priori*, votre pensée en tout ou rien et vous faites un grand pas vers une vie sans déprime.

Concentrez-vous sur l'image qui suit. Elle vous donnera une leçon de souplesse d'esprit.

Au premier coup d'œil, il est fort probable que vous voyiez une vieille dame avec un gros nez. Elle a le regard baissé, porte un fichu et regarde vers la gauche. La deuxième image à trouver est moins évidente. Observez encore. Si vous ne la voyez pas, je vous donne un indice. Dans la forme du nez, vous pouvez voir un menton. Le reste va suivre. Vous faites apparaître une jeune fille qui regarde en arrière. Ce que vous aviez pris pour l'œil droit de la dame âgée devient l'oreille gauche de la jeune fille. Ce dessin à double sens est l'œuvre d'un illustrateur américain, William Ely Hill. En 1915, ce dernier s'était inspiré d'une carte postale allemande pour dessiner sa femme et sa belle-mère dans la même image.

L'exercice d'assouplissement continue. Vous passez d'une image à une autre. Vous ne pouvez pas voir les deux en même temps, mais vous pouvez choisir laquelle des deux vous décidez de regarder. Vous privilégiez un point de vue qui exclut l'autre. Le dessin est toujours le même. Votre regard se modifie. La preuve ? Vous acceptez d'envisager autre chose que ce qui vous paraissait une évidence. Vous réorganisez votre perception des informations. Vous avez appris à décoder les deux sens de la même image.

Catherine et Paul sont mariés depuis quinze ans. Ils s'aiment beaucoup mais Catherine ne supporte plus ce qu'elle appelle la raideur d'esprit de Paul. Son mari a établi une frontière dans l'appartement.

Les trois pièces principales sont à lui et il n'y tolère aucune intrusion. Tout y est parfaitement rangé et Catherine n'a pas le droit d'y laisser traîner la moindre affaire. Deux autres pièces appartiennent à la zone dite intermédiaire de Paul. Ils sont des espaces partagés, en l'occurrence les sanitaires de l'appartement. Catherine a le droit de les utiliser mais en se conformant à un code de bonne conduite établi par son mari. Enfin, Catherine garde la jouissance d'une toute petite pièce où elle est « libre » de ranger ce qu'elle veut. Cet ordre domestique s'est vite révélé une prison de l'esprit. Il plonge Catherine et Paul dans la déprime et le conflit.

En regardant le dessin à double sens de la page précédente, Paul a aperçu ce que signifiait la souplesse de l'esprit. Il me l'a résumé sur un petit papier, écrit à la plume noire.

« Au fond, si je vous comprends bien, vous voulez me faire accepter l'idée qu'un peu de désordre est bon pour la santé, qu'il faut supporter de ne pas tout contrôler. » C'était exactement ce que son épouse Catherine et moi-même attendions qu'il écrive. Nous pouvions passer à un autre exercice pour qu'il ne se braque pas face à toute incertitude ou tout changement.

Sans aller jusqu'à ces extrêmes, nous avons tous tendance à trop simplifier les situations et à n'en voir qu'un aspect. Il y a pourtant toujours en nous une part de malaise et une part de bien-être. Les deux états sont présents en même temps, mais en situation de déprime, tout nous pousse à ne voir que les aspects négatifs des événements ou des émotions. Un entraînement à la souplesse est possible, qui fait reconquérir l'image positive. L'image négative ne disparaît pas mais on accepte :

- qu'elle n'est pas la seule,
- que nous avons le pouvoir de choisir entre une image et une autre,
- que l'on peut de manière souple apprendre à changer son regard et dépasser sa première impression négative.

Sortez de vos habitudes grâce à Tom et Jerry

Si vous entendez les mots « Tom et... », vous ajoutez « Jerry » depuis votre enfance.

C'est avec ce genre de pensée automatique que certains ont pris l'habitude d'imaginer le pire. Ils pensent échec ou catastrophe quand on leur dit épreuve et ils voient danger quand on leur dit situation imprévisible. La déprime peut se comprendre comme un mauvais pli de l'esprit, une mauvaise manière d'anticiper. La bonne nouvelle est que l'on sait maintenant défroisser ces mauvais plis.

Celles et ceux qui laissent tourner en boucle dans leur tête des idées noires voient leur humeur changer du tout ou tout quand ils maîtrisent une technique simple : le blocage de la pensée. Cette capacité à ne pas penser de manière réflexe peut se développer. On l'exerce en trois temps avec une liste de mots :

- Le premier temps est celui de l'apprentissage. Apprenez à associer des mots qui vont naturellement ensemble :
  o Rusé... singe
  o Éclipse... soleil
  o Bœuf... pâturages
  o Vache... lait

Ces mots ne sont pas difficiles à apparier. Quand vous voyez l'un, vous pensez forcément à l'autre. Si vous les répétez trois ou quatre fois, le lien va être encore plus fort entre chacun des mots situés sur la même ligne. Quand vous lisez les mots de la première colonne, ceux de la deuxième colonne s'imposent à votre esprit. Ils vous sautent aux yeux et au cerveau.

- Au deuxième temps de l'exercice, vérifiez que le lien est bien fait entre chacun des mots de la première et de la deuxième colonne. Lisez successivement les uns et les autres. Dites ou écrivez : rusé, éclipse, bœuf, vache. Les autres mots vont arriver que vous le vouliez ou non : singe, soleil, pâturages, lait. Votre pensée est conditionnée. Votre esprit a acquis des automatismes.

- La dernière étape est la plus importante. Vous faites l'expérience du blocage de la pensée. Vous allez dire rusé et vous obliger à ne pas penser après au mot singe. Vous continuez avec éclipse et vous bloquez le mot soleil. L'expérience se poursuit jusqu'au quatrième mot.

Au début, c'est sans doute difficile, mais avec un peu d'expérience, les pensées qui arrivent naturellement à votre esprit ne vont plus s'imposer. Vous découvrez que les idées ne peuvent pas vous envahir. Vous savez y résister. Les automatismes ne vous dépassent pas.

Continuez l'exercice avec quatre autres paires de mots plus personnalisés ou plus chargés d'émotion. Vous êtes en train de développer une grande aptitude antidéprime : le blocage de la pensée, l'assouplissement de vos automatismes. Vous pourrez vous servir de ce nouveau talent la prochaine fois que surgiront des idées tristes. Vous savez comment appuyer sur le frein de vos pensées. Vous ne dépendez plus de vos croyances tristes ou angoissantes. Elles sont des automatismes aussi faciles à bloquer que le mot Jerry qui vient après Tom.

Les recherches sur l'arrêt de la pensée montrent que celles et ceux qui maîtrisent cette faculté sont moins exposés aux coups de déprime. Quand celle-ci vient, elle dure moins longtemps et elle est moins grave.

Comment un psychologue peut être prisonnier de sa première impression

Paul Watzlawick, un psychiatre californien, formait ses nouveaux élèves avec une étrange expérience. Il voulait leur faire ressentir à quel point on est prisonnier de ses *a priori* et de ses idées fausses. Sa petite mise en scène leur donnait une leçon de souplesse d'esprit dont ils se souvenaient longtemps. Il convoquait ses étudiants par groupes de deux et il expliquait à chacun la même chose. « Vous allez devoir examiner un grand malade qui se prend pour un étudiant. Méfiez-vous de ce qu'il va vous dire et ne lui faites jamais confiance. Faites aussi attention à ce que vous dites. Votre malade peut devenir agressif si vous ne rentrez pas dans son jeu. »

Les deux étudiants étaient conditionnés par leur fausse opinion de départ. Ils ne pouvaient pas la remettre en question et ils voulaient la confirmer par tous les moyens. Ils n'écoutaient pas l'étudiant en face d'eux. Ils cherchaient seulement des indices leur prouvant qu'il était bien un grand malade. Ils étaient tellement sûrs de leur avis qu'ils trouvaient chez l'autre étudiant des signes de maladie et une agressivité cachée. Dans la déprime, on joue tout seul à ce jeu. Intoxiqué par une fausse idée de soi, on cherche et trouve des motifs pour penser du mal de soi.

Testez la croix du doute

Le dessin qui suit est une **croix du doute**. Elle saura vous convaincre, si seulement vous en doutiez, que votre vie est réussie. Elle vous montre aussi comment il est facile et utile de changer d'avis sur vous.

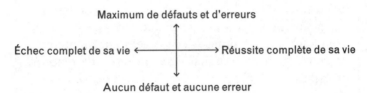

Vous tracez un axe vertical, celui des erreurs et des défauts et un axe horizontal de réussite dans la vie. Vous allez chercher des exemples d'hommes et de femmes, dans l'actualité, dans l'histoire ou parmi vos amis. Trouvez celles et ceux qui ont le plus réussi ou raté leur vie. Cherchez aussi celles et ceux qui se sont le plus trompés ou ont fait le plus d'erreurs et ceux qui ne se sont jamais trompés. Vous les placez sur la croix du doute en notant leur nom.

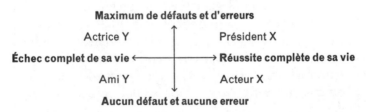

L'exercice devient plus instructif quand vous en arrivez à celles et ceux qui ont fait beaucoup d'erreurs, qui ont beaucoup de défauts et qui ont quand même une vie réussie. Et que dire de ceux qui n'ont pas de défauts et ratent leur vie ? Là encore, vous allez bien trouver un exemple. Les hommes politiques, les acteurs, les personnages historiques devraient vous inspirer. Vous allez faire passer un sale quart d'heure à celles et ceux qui ne vous plaisent pas, n'ont pas les mêmes opinions que vous, à ceux que vous trouvez arrivistes ou manipulateurs. Tant pis. C'est pour la bonne cause.

Dernier temps du jeu, vous vous placez sur le dessin. Vous allez devenir plus indulgent avec vous-même. Vous avez tiré les leçons de l'analyse des vies que vous avez placées avant vous sur la croix du doute.

L'expérience peut s'interpréter de plusieurs manières.

Première leçon : La réussite dans la vie ne dépend pas uniquement des erreurs ou des succès, des défauts ou des qualités.

Seconde leçon : on a le droit d'hésiter avant de se placer soi-même sur le dessin. Plus on est juste et honnête, plus on se rapproche du centre de la croix. En réfléchissant un peu, vous n'allez plus vous placer à un extrême des axes. Vous n'avez pas en vous que des réussites ou que des défauts. Une vie normale est pleine de doutes donc de nuances, avec un mélange de succès et d'échecs, de défauts et de qualités. On n'est jamais aussi malheureux que l'on croit ni aussi heureux qu'on voudrait l'être.

Mélodie a sa manière à elle d'utiliser la croix du doute. Elle lit les journaux *people*, pleins des récits des frasques des hommes et femmes célèbres. Ils lui donnent des exemples de vies réussies pleines de défauts. Mélodie en retire, comme d'autres lecteurs, un grand apaisement. Elle ne se juge plus, elle se compare. Et la comparaison ne lui est pas forcément défavorable. Mélodie n'est pas plus malheureuse et ne fait pas plus d'« erreurs » que les princesses dont elle suit le destin.

Un camembert pour continuer à s'assouplir

Cherchez la situation que vous vous reprochez le plus. Vous partez d'un camembert complet. Aucun autre que vous n'est responsable au départ. Vous avez gâché une amitié, une relation amoureuse, une occasion professionnelle. Vous êtes responsable à 100 %.

Réexaminez la situation. Vous n'êtes certainement pas seul en cause. Vous allez trouver un autre responsable. Quelle part du camembert lui donnez-vous ? Un quart ? Pourquoi pas.

Si vous continuez l'exercice, vous allez voir votre part personnelle se réduire. Les autres causes sont la malchance, un ami, un parent, le manque d'argent, le manque de temps. En découpant des parts et en les distribuant, vous assouplissez votre premier jugement qui était sans appel.

Changer de point de vue est un vrai bonheur

Poser un autre regard sur soi est la meilleure manière de trouver l'optimisme. Ce sont les mélancoliques repentis qui vivent avec le plus de gourmandise la découverte de la souplesse et leurs petits et grands moments de plaisir. Il n'y a pas meilleur expert en qualité de vie que celui qui a surmonté un coup de déprime et a pu cultiver après la tristesse un aspect plus souriant de lui-même. J'ai davantage confiance en lui qu'en celles et ceux qui ne recherchent que le calme absolu, la béatitude, sans jamais avoir versé et séché quelques larmes. Le chirurgien lettré René Leriche disait que la santé, c'est la vie dans le silence des organes. Je peux ajouter que le bonheur, c'est la vie dans le silence de l'esprit, quand on accepte qu'il existe d'autres émotions à vivre que la déprime et les regrets.

La première impression n'est pas toujours la bonne... surtout si elle est triste

Mieux vaut y réfléchir à deux fois avant de considérer une situation comme désespérée. La première impression n'est pas toujours la bonne... surtout quand elle anticipe le pire. Ma dernière bourde dans ce domaine remonte à quelques années. Je travaillais dans un service d'urgence à l'hôpital. Un homme se présente avec tous les signes de la déprime. Il pleure, se fait des reproches et crie en tapant sur sa poitrine. Sa chemise est déchirée et son visage couvert d'écorchures. Il est tellement énervé qu'il n'arrive pas à expliquer ce qui lui arrive. Les mots se bousculent dans sa bouche et il parle très mal le français. Il se prétend ambassadeur d'un pays d'Amérique du Sud. Sans hésiter, je me fais une opinion et j'écris dans son dossier médical : « Très déprimé. Se fait passer pour un ambassadeur. »

J'ai à peine fini d'écrire qu'entrent dans les urgences trois hommes en costume et cravate sombres, l'air fâché. Ils viennent rechercher leur ambassadeur qui a été agressé devant sa résidence officielle. Avec quelques excuses et pas mal de honte, nous leur rendons leur ambassadeur. Au moment où il quitte les urgences avec son escorte officielle, nous le regardons différemment. Il n'est pas malade, ni déprimé, ni menteur. Il est juste choqué. Prisonnier de ma première impression, je n'avais pas regardé ses papiers d'identité. Je n'ai pas pris le temps de faire venir un traducteur. L'ambassadeur ne nous a pas tenu rigueur de notre erreur de jugement. Quelques jours plus tard, nous avons reçu un mot mélangeant remerciements... et un peu de moquerie. Mais surtout, il nous a donné une leçon de « double regard ».

Comment la déprime masque les évidences

À trop se figer dans ses premières impressions, on passe à côté des évidences. Les Anglo-Saxons appellent « *elephant in the room* » l'aptitude à ne pas voir le plus important par rigidité d'esprit. Ils ont remarqué que les savants en économie ou en politique sont tellement absorbés dans leurs discussions qu'ils ne jettent pas un coup d'œil à l'éléphant qui se promène autour d'eux.

C'est ce qui se passe pendant un coup de déprime. On cherche toutes les raisons du monde de se faire du souci et l'on ne voit pas l'éléphant de notre bonne santé. Vous pouvez offrir le meilleur à celui qui traverse un moment d'accablement. Il n'en profitera pas. Il ne verra pas les cadeaux, les réussites, les messages amicaux. Et pourtant l'éléphant est bien là.

Le Talmud contre les fausses certitudes

Deux ramoneurs sortent d'une cheminée. L'un en sort tout noir couvert de suie et l'autre tout propre.
— Lequel des deux va se laver ? demande le Maître à son élève.
— Forcément celui qui est couvert de suie, ça tombe sous le sens ! répond l'élève, fort de sa première impression.
— Je suis désolé, tu n'es pas fait pour comprendre ce que le Talmud contient, dit le Maître.
— Et pourquoi donc ?

— Tu ne réfléchis pas. Celui qui est sorti tout sale voit que l'autre est sorti tout propre, alors forcément il croit qu'il est lui aussi propre. Celui qui est sorti propre voit que l'autre est couvert de suie, alors il se croit aussi sale que lui.

— Tu veux dire que celui qui est propre va se laver, et pas celui qui est sale ?

L'élève doute et son doute le fait progresser. Le Maître conclut en faisant appel à la raison de son disciple :

— Écoute. Est-ce qu'il est possible que deux hommes entrent ensemble dans une cheminée et que l'un d'entre eux en sorte propre ? Le Talmud enseigne qu'un élève intelligent doit aussi penser par lui-même.

Un peu de superstition ne fait pas de mal au moral

Les esprits les plus rigides ne tolèrent ni magie ni superstition. Comment accepter des comportements qui ne soient pas complètement justifiés par des preuves ? La superstition est pourtant une manière de se rassurer face à ce que l'on ne peut maîtriser. Nous y avons souvent recours sans oser l'avouer. La pensée magique vous ment mais vous donne du courage. Elle met un peu de folie dans les raisonnements trop austères. Les joueurs de golf auxquels on donne une balle qu'ils croient magique jouent mieux. Les pratiques magiques donnent l'impression que l'on agit sur son sort. Dans un registre différent, plus spirituel, les hommes et les femmes croyants résistent mieux aux deuils et ont moins peur face au danger.

Les meilleurs acteurs conjurent leur peur de l'échec en respectant des petits rituels parfaitement absurdes. Le mot « Macbeth » est interdit sur une scène de théâtre. Il annonce la ruine du théâtre ou d'autres grands malheurs. On le remplace par « la pièce écossaise ». La couleur verte, toujours au théâtre, fait anticiper des morts en souvenir de la couleur verte des teintures au cyanure sur les costumes de scène. Elle rappelle aussi la couleur de l'habit de Molière, foudroyé en jouant *Le Malade imaginaire*.

Les marins négocient leur peur de la mer avec d'autres manies. Ils bannissent le mot « lapin ». L'animal maudit rappelle l'époque où les lapins mangeaient les cordes et même les coques des bateaux. On le remplace par animal aux longues oreilles, langoustine des prés ou encore cousin du lièvre.

Le jaune a mauvaise presse en Espagne. C'est la couleur de l'intérieur des capes des toréadors, celle qu'ils voient avant de rendre l'âme si le taureau les a encornés.

Chacun a droit à sa petite dose de superstition, à condition que la défense ne devienne pas trop envahissante et que la vie ne soit pas une suite de rituels que l'on accomplit dans l'angoisse d'en avoir manqué un. L'objectif pour la bonne humeur est, rappelons-le, la souplesse de la pensée. Un peu de superstition confirme que l'on ne maîtrise pas tout. Trop de superstition entretient dans l'illusion que le monde ne tient que par une suite rigide de manies et d'incantations.

**Quelques expressions rigides et déprimantes
à chasser de ses pensées :**

- C'est ma nature.
- Je suis programmé comme ça.
- Je ne le mérite pas.
- On n'est jamais trop prudent.
- Je me connais.

Écouter Georges Brassens pour ne plus regretter les occasions manquées

La pensée rigide ne pardonne aucune occasion manquée. Elle vous les reproche plusieurs années après. L'apprentissage de la souplesse permet d'accepter que les échecs soient des étapes aussi indispensables que les réussites. L'hymne des occasions manquées est une chanson de Georges Brassens : *Les Passantes*. Tout dans cette histoire renvoie au regret, de la musique de Brassens aux vers du poète Antoine Pol.

Je veux dédier ce poème
À toutes les femmes qu'on aime
Pendant quelques instants secrets,
À celles qu'on connaît à peine,
Qu'un destin différent entraîne
Et qu'on ne retrouve jamais.

Antoine Pol fait la liste des femmes qu'il aurait pu aimer comme d'autres écrivent la liste de leurs conquêtes.

À celle qu'on voit apparaître
Une seconde, à sa fenêtre
Et qui, preste, s'évanouit,
Mais dont la svelte silhouette
Est si gracieuse et fluette
Qu'on en demeure épanoui.

Parfois, son pessimisme rencontre celui d'une inconnue qui partage avec lui le désir d'une autre vie.

À celles qui sont déjà prises
Et qui vivant des heures grises
Près d'un être trop différent,
Vous ont, inutile folie
Laissé voir la mélancolie
D'un avenir désespérant.

Une psychologue américaine d'origine russe, Bluma Zeigarnik, a donné une explication des regrets qui s'appliquent bien à la chanson de Georges Brassens et à nos regrets quotidiens. Elle est partie d'une observation des serveurs dans un café. Les serveurs se souviennent des commandes qu'on leur passe tant que le plat ou la boisson n'ont pas été servis. Une fois qu'ils ont servi et qu'ils ont été payés, ils oublient immédiatement la commande. Une expérience équivalente s'est conduite chez des enfants auxquels on a demandé d'accomplir des travaux manuels (enfiler des perles, dessiner, construire un puzzle). On les a laissés finir la moitié des activités et on les a empêchés de terminer les autres. Ils se sont davantage souvenus des tâches qu'ils n'avaient pas achevées.

Le cerveau d'un enfant, d'un serveur ou d'un homme chargé de regrets se souvient plus de ce qu'il n'a pas terminé ou pas osé entreprendre. La trace dans la mémoire est plus forte quand un souvenir s'accompagne d'émotions négatives. Une explication à cette « mémoire du stress » pourrait être que l'adrénaline qui accompagne les regrets augmente la capacité d'une date ou d'un événement à se fixer dans le cerveau. Quand on permet à un homme, ou à une femme, de raconter ou de revivre ce qu'il n'a pas fini, il peut enfin guérir de ses regrets et retrouver de l'énergie et de l'enthousiasme pour son quotidien. Voilà une leçon encourageante et incitant à agir plutôt qu'à regretter.

Expériences originales
de méditation antidéprime

> *Vous ne pouvez pas empêcher les oiseaux de la tristesse*
> *de voler au-dessus de vos têtes,*
> *mais vous pouvez les empêcher de faire leur nid.*

Proverbe chinois

> *Un homme est toujours à lui-même son plus grand ennemi,*
> *par ses faux jugements, par ses vaines craintes,*
> *par son désespoir, par les discours déprimants*
> *qu'il se tient à lui-même.*

Alain

La méditation est une technique de choix pour trouver ou entretenir un esprit ouvert, sans jugement à l'emporte-pièce, capable de se tranquilliser et de se reposer. Cette capacité à méditer s'appelle le « *mindfulness* ». Celles et ceux qui en sont pourvus traversent la vie de meilleure humeur. Ils savent, par exemple :
- ne pas réagir avec excès quand on les fâche ou les agresse,
- observer une situation ou la nature autour d'eux,
- agir en étant conscient de ce qu'ils font,
- mettre des mots sur leurs croyances, leurs opinions et leurs envies.

Méditer est une expérience qui vous fait découvrir de nouvelles émotions. Elle est de plus en plus utilisée en médecine et en psychologie. Sa pratique apporte aux femmes ou aux hommes sous pression un moment de calme bienvenu. Si vous orientez votre méditation vers la bonne humeur, elle va vous donner des pistes pour chasser la déprime ou ne pas lui laisser de place.

J'ai longtemps été un peu perplexe, je l'avoue, quant aux effets de la méditation. Je me suis demandé si cette pratique ne relevait pas d'un retour caché d'un mysticisme moderne dans le champ de la psychologie. Mais les publications qui se succèdent sur le sujet font de la méditation un sujet de plus en plus scientifique et de moins en moins religieux. Le fonctionnement cérébral, étudié grâce à l'imagerie par résonance magnétique fonctionnelle, change sous l'effet de la méditation. Les zones les plus impliquées dans le stress sont moins actives et la communication se fait mieux entre le grelot cérébral, les zones profondes portant les émotions, et le cortex. Tout concourt à montrer que la méditation développe l'intuition, l'intelligence émotionnelle et la résistance aux situations de stress.

Le principe de la méditation est de vous fixer sur une sensation et de débarrasser le plus lentement possible votre cerveau de toutes ses autres pensées. Vous recherchez la concentration puis le vide. Dans le même mouvement, votre corps se détend et les rythmes de votre corps se tranquillisent. Le plus difficile avec la méditation comme avec bien d'autres exercices est le premier pas. Vous pouvez, pour commencer, laisser voler votre pensée sur une musique, un tableau ou un paysage qui vous plaît.

Une initiation facile est de fixer pendant deux minutes un objet agréable en vous concentrant uniquement sur lui et en vidant votre esprit de toutes vos autres pensées. Au début, cela risque de vous paraître difficile. Vous allez être envahi par des idées parasites. En répétant l'exercice, il deviendra de plus en plus facile... et de plus en plus utile à votre bonne humeur. Vous allez prendre l'habitude de ces moments de vide volontaire qui deviendront des petites fuites dans un nouvel univers.

Vous appliquez ce que vous avez utilisé enfant pour développer vos émotions. Avant de commencer à parler ou à agir de manière autonome, un enfant contemple le monde. Il observe sans encore poser de questions. Il peut rester assis sans parler. Et c'est ce temps de contemplation sans parole qui va lui donner l'envie et l'énergie de s'engager dans sa vie d'adulte.

Écoutez votre voix intérieure

La voix intérieure a été découverte par une neurologue qui a souffert d'un accident vasculaire cérébral.

184

Elle n'avait aucune paralysie, aucun symptôme grave. Seulement, son cerveau a arrêté de lui parler. Elle n'avait plus de voix intérieure, plus de monologue. Et dans le même temps, elle s'est trouvée démotivée et fatiguée. Elle a poussé jusqu'au bout son raisonnement médical et s'est prescrit elle-même un scanner. Elle a trouvé la toute petite zone du cerveau d'où part cette voix intérieure. Son histoire s'est bien terminée : son cerveau a recommencé à lui parler. La neurologue depuis est devenue une militante de la voix intérieure. Elle incite celles et ceux qui vont bien et qui ont la chance d'avoir un cerveau qui communique avec eux à prendre au sérieux ce phénomène.

Même si votre entourage se moque de vous, vous devez donc vous écouter et surtout vous parler. C'est une bonne manière de commencer à méditer. Il n'y a aucune honte à parler tout seul. En se parlant, on se connaît, se motive et se console. Vous n'avez pas en vous que des pensées ou des voix qui s'attendent au pire. Il y a aussi une petite voix, que vous n'écoutez pas assez, qui pense du bien de vous et anticipe pour vous le meilleur.

Le psychanalyste Carl Gustav Jung avait proposé un exercice pour tirer le meilleur parti de cette voix intérieure :

Le temps de l'écoute neutre

Commencez par laisser arriver toutes vos pensées comme si votre voix intérieure était un invité de marque que vous n'osez pas interrompre. Écoutez-la sans lui couper la parole. Vous pouvez, pour que l'exercice ne soit pas trop long, fixer le temps maximum de l'écoute neutre, par exemple pas plus de dix minutes.

Le temps de la correction antidéprime

L'un des problèmes avec la voix intérieure est qu'elle n'est pas toujours encourageante ou bienveillante. Peu vous importe. Vous laissez passer l'orage. Une fois que la déprime a jeté son venin, vous vous êtes fait tous les reproches possibles. Reprenez une à une les affirmations de cette voix sinistre et voyez si elle a parfois raison, si elle exagère ou si elle se trompe complètement. Vous êtes en train d'éduquer votre esprit à produire de la bonne humeur.

Comment découvrir sa voix intérieure

Vous avez le droit bien sûr de refuser l'idée de la voix intérieure. Les plus raisonnables et matérialistes d'entre nous ont du mal avec ce concept. Ils disent, à juste titre, qu'ils n'ont pas d'hallucinations ni de voix dans la tête ! Vous pouvez alors chercher ce que vous appellerez vos pensées les plus intimes ou les plus cachées. Quelques astuces reconnectent avec ces émotions et désirs. Voici celles qui sont les plus efficaces… même chez les sceptiques !

La minuterie

Réglez une minuterie sur dix minutes et oubliez-la. Quand elle se met à sonner, soyez à l'écoute de la première pensée optimiste qui vous traverse l'esprit. Si la pensée ne vous plaît pas ou si elle est trop morose, recommencez l'exercice.

Les informations cérébrales du matin

Au réveil, la censure est moins forte. Quand vous flottez encore entre sommeil et réveil, votre voix intérieure parle plus nettement. Gardez un carnet à côté de votre lit et notez la première pensée optimiste ou agréable qui vous vient quand vous ouvrez un œil. Vous aurez toute la journée pour la déguster et trouver, si c'est un projet, comment le réaliser.

Une promenade en forêt ou en pleine ville

L'effort physique lève la censure. Concentrez-vous sur votre corps, sur les lieux que vous traversez. Sans vous en rendre compte, vous allez vous mettre en relation avec des pensées que vous n'auriez pas trouvées si vous les aviez cherchées du fond de votre fauteuil.

Écoutez-vous sous la douche

Le syndrome de l'idée sous la douche illustre le fait que la voix intérieure ne vient pas quand on l'attend. Elle peut vous surprendre sous la douche ou dans toute autre situation à laquelle vous n'êtes pas préparé. Certaines et certains font de la douche ou du bain un moment privilégié de détente et de relaxation. Pourquoi ne pas prendre quelques instants pour écouter et bientôt entendre sa voix intérieure.

La lecture cérébrale

Quand vous lisez, vous ne stimulez pas seulement les zones du cerveau qui contrôlent la vision du texte. Vous activez aussi vos zones du langage parce que le livre induit en vous une parole. Vous poussez votre cerveau à produire des émotions et, selon les livres, du raisonnement et du son. Il y a des textes qui font bouillir la tête et la remplissent de bonnes paroles. Les plus littéraires d'entre nous donnent un nouveau rythme à leur pensée en lisant des poèmes de Lamartine. Ils se chauffent le cerveau et la voix intérieure, comme d'autres travaillent leurs cordes vocales. D'autres préfèrent les paroles du rap ou de styles musicaux entraînants.

Avec Victor Hugo qui décrit la campagne, nous ne lisons pas, nous écoutons parler ses mots et notre cerveau prononce toutes les allitérations en « F » :
Un frais parfum sortait des touffes d'asphodèles
Les souffles de la nuit flottaient sur Galgala.

Quand vous lisez des textes plus simples, vous entendez une voix plus rapide. Vous lisez plus vite « J'ai pris le train » que « Un ami me raconte son voyage en train ». Vous entendez d'autant plus nettement le texte que son style est direct. C'est de cette « astuce » qu'usent et abusent les auteurs de livres à succès qui savent accrocher le lecteur et les obliger

CULTIVEZ VOTRE ESPRIT ANTIDÉPRIME

à les suivre. Ils imposent leur voix, leur rythme et leurs histoires.

Parlez-vous à haute voix

Donnez-vous des explications motivantes. Vous allez agir sur votre voix intérieure et corriger ses erreurs par excès d'exigence. Peu importe que vous ayez l'air un peu original... Ceux qui vous croisent ne savent pas que vous êtes en train d'apprendre à votre esprit à dire du bien de vous. Et aujourd'hui tout le monde pensera que vous êtes en train de téléphoner, sans imaginer avec qui vous communiquez.

**Testez l'action encourageante
de votre voix intérieure**

Récitez une liste décroissante de nombres de 50 à 30 en ne gardant qu'un nombre sur 2. Vous dites 50, 48 et vous continuez. Si vous vous dites les chiffres à haute voix en même temps que vous comptez, vous comptez plus vite et vous vous trompez moins. Essayez dans un deuxième temps de rendre l'épreuve de calcul mental plus compliquée. Non seulement vous comptez mais en plus, à chaque chiffre, vous posez sur la table votre main gauche ou votre main droite en alternance. À cinquante, vous posez la main gauche, à 48 la main droite, et vous continuez jusqu'à 30. Comparez vos performances quand vous vous parlez et quand vous vous obligez à rester silencieux.

Que vous vous parliez à voix haute ou à voix basse ne change rien. La voix qui vous accompagne vous permet de réussir l'exercice plus vite et avec moins de fautes. Sans l'aide de votre voix intérieure, il est presque impossible de compter et de taper avec la main devant soi. Une fois l'exercice terminé, vous allez être convaincu. Prévenez vos amis. Vous risquez d'avoir envie de vous parler tout le temps !

Plus vous vous écoutez, moins vous subissez de coups de déprime

N'allez pas croire qu'en écoutant vos pensées vous allez sombrer dans la morosité. C'est même l'inverse. N'ayez pas peur des secrets de votre cerveau. Les recherches les plus récentes sur la voix intérieure montrent que ceux qui sont à l'écoute de leurs pensées sont moins envahis par le blues. Si vous essayez de chasser vos pensées désagréables, elles vont revenir et même s'imposer à vous. Il est à votre portée d'essayer de les contrer.

L'exercice des ours blancs

Vous connaissez probablement l'histoire des ours blancs. Vous demandez à une personne ou à un groupe de penser à tout sauf à des ours blancs. Rapidement, ils ne peuvent s'empêcher de voir partout des

ours. Ces images d'ours peuvent revenir longtemps après l'exercice, jusqu'à une semaine plus tard.
Une expérience toute nouvelle a proposé à des volontaires de s'interdire de penser à leurs soucis d'argent ou de santé (réels ou possibles). Une heure plus tard, chacun a subi un effet rebond de type « ours blancs ». Ils étaient envahis par des coups de déprime et avaient peur d'être ruinés ou malades. Celles et ceux qui ont été autorisés à penser à ce qui les dérangeait ont été moins assaillis par des coups de déprime. Ce dont on parle ou ce que l'on regarde prend moins de place que ce que l'on essaie d'oublier.

Une méditation à la Jacques Prévert

Pour méditer, vous vous inspirez parfois de la sagesse orientale. Vous ne vous servez pas assez de la poésie de Jacques Prévert. Son poème *Pour faire le portrait d'un oiseau* est un guide de bien-être que l'on peut suivre étape par étape. Il suffit de remplacer le mot « oiseau » par « bien-être » ou « bonne humeur ».
Il faut d'abord dessiner :

Ce qu'il y a de joli dans sa vie
Ce qu'il y a de simple
Ce qu'il y a de beau
Ce qu'il y a d'utile

L'exercice physique et la nature sont des sources d'inspiration. Le poète met les points sur les i.

Il n'est pas superflu d'aller se promener dans un jardin
Dans un bois ou dans une forêt

Vous mesurez les bienfaits de l'attente, de la patience. La déprime quand elle arrive vous tombe dessus d'un coup. La bonne humeur se reconquiert pas à pas. Aucune victoire sur soi-même ne se gagne sans un peu de temps.

Parfois la bonne humeur arrive vite.
Mais elle peut aussi bien mettre des années
Avant de se décider
Ne pas se décourager
Attendre
Attendre s'il le faut pendant des années
La vitesse ou la lenteur de l'arrivée de la bonne
humeur n'ont aucun rapport avec la réussite de son
portrait

Nous sommes souvent inattentifs aux émotions les plus agréables. Le silence et la concentration nous les font vivre avec plus de plaisir.

Quand elle arrive la bonne humeur
Observer un profond silence
Attendre qu'elle entre en soi et quand elle est entrée
Fermer doucement la porte sur elle.

Méditez grâce à l'art

Les visiteurs des musées passent de plus en plus vite devant les tableaux. Vous avez certainement croisé ces groupes qui courent entre les toiles célèbres, une perche de *selfie* à la main, et qui ne prennent pas le temps de regarder autour d'eux. Ils passent devant vous en vous bousculant. Chacun a peur de perdre son groupe. Quand ils s'arrêtent, face à une toile qu'ils connaissent déjà pour en avoir vu la photographie dans un guide, ils la mitraillent de quelques coups de téléphone portable et reprennent leur fuite en avant. Pourquoi ne pas essayer l'inverse de ces visites au pas de course ? Vous avez une heure à passer au musée ou dans une exposition. Vous vous promenez pendant quarante minutes au milieu des peintures et sculptures et vous choisissez celle que vous préférez, celle qui vous émeut le plus, vous parle de la manière la plus intime. Elle peut être connue ou non. Cela n'a pas d'importance. Votre voix intérieure se fie à vos émotions, pas aux guides de peinture.

Cette toile ou cette sculpture que vous avez choisie, vous allez décider de passer devant elle les vingt minutes qui vous restent. Le temps au début va vous paraître interminable mais l'expérience en vaut la peine. Concentrez-vous sur le tableau, sur les sensations qu'il vous inspire, sur ses personnages, son thème, son histoire ou son anecdote. Cherchez des liens entre votre vie et ce que montre la toile. Vous allez forcément en trouver. Vous ne vous contentez plus de voir. Regardez, pénétrez-vous de votre sujet. Cet exercice est une séance de fixation sur l'instant présent. Vous faites travailler successivement puis ensemble votre hémisphère dominant et votre hémisphère dit mineur. Grâce à l'hémisphère majeur, vous vous intéressez au style de peinture, à la vie du peintre, à la date de création et d'acquisition de l'œuvre. Puis votre hémisphère mineur entre en action et commence à vous laisser rêver. Vous entrez dans le tableau, vous vous racontez une histoire. Votre raison laisse place à la voix intérieure.

L'effet est constant et positif. L'expérience procure un sentiment de détente et de bien-être. Les angoisses s'allègent et s'éloignent. On devient spectateur d'une nouvelle histoire en se mettant à l'écoute de nouvelles sensations. Vous dégustez le vide, la lenteur et le plaisir de l'art en même temps. L'exercice est parfaitement réalisé si une petite voix, votre pensée, se réveille devant la toile.

Équilibrez votre temps entre le speed et le zen

La méditation ne doit ni vous ralentir ni vous plonger dans un état inactif. La bonne humeur s'obtient par un équilibre entre mouvement et tranquillité, *speed* et *zen*. Les temps calmes sont d'autant plus agréables qu'ils ne constituent pas un état permanent. Une vie heureuse ménage des accès d'excitation, de plaisir, de surprise, de *speed*, et des temps de *zen*. Si vous êtes capable de laisser leur place aux uns et aux autres, les coups de déprime ne prendront plus beaucoup de place.

Zen	Speed
Concentration sur l'instant présent	Nouvelles expériences, nouveaux voyages, nouveaux amis
Méditation : apprendre à ne penser à rien	Projets d'avenir exaltants
Relaxation musculaire et détente	Activité physique intense, dépassement de soi
Rêverie, rêve éveillé	Innovation, création, prise de risque
Loisirs calmes	Aventure et recherche de sensations

La méditation selon Friedrich Nietzsche

Il n'y a pas que la psychologie ou le bouddhisme qui enseigne la méditation. Le philosophe allemand le fait très bien aussi.

« Nous pensons trop rapidement et en cours de route, en pleine marche, au milieu des affaires de toutes sortes, même pour les choses les plus graves. Nous avons besoin de plus de préparation, de plus de silence. Cela se passe comme si nous portions dans la tête une machine perpétuellement en roulement qui, même dans les conditions les moins favorables, ne cesse de tourner. Jadis… quand la pensée venait, on restait des heures, immobile dans la rue, sur un ou deux pieds. »

Découvrez votre bon narcissisme

> *Un sage demandait à un fou*
> *quel était le chemin de la félicité.*
> *Ce dernier répondit comme quelqu'un*
> *à qui l'on demande le chemin de la ville la plus proche :*
> *« Admire-toi toi-même... »*

Friedrich Nietzsche

> *Dans la flatterie, aucune précaution à prendre,*
> *aucune limite à respecter.*
> *On ne va jamais trop loin.*

Michel Audiard

Quand on vous prend en photo, vous trouvez normal de sourire, de présenter votre meilleur profil et d'essayer de faire bonne impression. Vous pouvez appliquer cette pratique même quand on ne vous photographie pas. Ce n'est pas le ventre que vous rentrez mais vos défauts et vos coups de blues. Si vous faites de vous un beau portrait, il finira par vous ressembler.

Jouer avec son inconscient grâce à des chiffres et des lettres

La bonne image de soi est le résultat d'un avis sur soi argumenté et conscient, appelé estime explicite, et d'un avis inaccessible à la conscience, l'estime implicite. C'est cette dernière image, l'implicite, qui protège le plus de la déprime. Elle n'est pas directement sous le contrôle de notre volonté. Pourtant, on peut l'améliorer en travaillant sur l'image qui nous est la plus accessible, l'image explicite.

Essayez ce test très révélateur de vous-même, utilisé par de nombreuses universités.
Regardez les lettres de l'alphabet qui suivent.

A B C D E F G H I J K L M

N O P Q R S T U V W X Y Z

Vous pouvez les recopier sur une feuille ou écrire sur le livre. Notez sous chaque lettre un chiffre entre 1 et 9 selon ce que vous pensez de la lettre. Vous choisissez 1 pour les lettres qui vous plaisent le moins et 9 pour celles que vous aimez le plus.

Ne reposez pas votre stylo. Continuez avec cette suite de chiffres entre 1 et 35.

1 2 3 4 5 6 7 8 9 10 11 12 13

14 15 16 17 18 19 20 21 22 23 24 25 26

27 28 29 30 31 32 33 34 35

L'idée est toujours la même. Vous attribuez une note à chacun des chiffres entre 1 et 35 en choisissant 1 pour « je n'aime pas » et 9 pour « j'adore ». Ne réfléchissez pas trop. Écrivez le premier chiffre qui vous vient à l'esprit. Faites confiance à votre instinct ou à votre intuition. Une fois les chiffres et les lettres notés, vous allez faire une drôle de découverte sur vous-même. Relisez-vous une dernière fois pour vérifier que vous n'avez oublié de noter aucune lettre et aucun chiffre. Dès que vous êtes sûr d'avoir tout rempli, mais pas avant, passez à la « correction » du test ci-dessous.

L'exercice vous révèle si vous vous aimez ou pas et à quel degré vous pouvez supporter votre narcissisme. Reprenez tous vos chiffres et relevez la note que vous avez attribuée à la lettre correspondant à l'initiale de votre nom de famille et à celle de votre prénom. Voyez aussi la note donnée au jour de votre anniversaire. Vous aurez une idée indirecte de votre niveau d'estime implicite et vous mesurerez ainsi le chemin à parcourir (ou pas) pour mieux vous aimer.

Travaillez votre estime explicite et implicite

Quelques techniques permettent de faire mousser votre estime de vous-même :

Développez votre estime explicite. Trouvez des motifs objectifs d'être fier de vous, de vous aimer, de vous faire confiance.

Faites une liste de vos réussites et de vos bons moments. Si vous êtes en mal d'inspiration, interrogez vos parents ou vos amis. Ils vous donneront d'autres idées. Ces motifs de satisfaction dessinent une bonne image explicite et vont agir indirectement sur votre image implicite.

Les miracles de l'intuition

Plus vous êtes intuitif ou intuitive, plus se rapprochent vos images explicite et implicite. Naturellement, les femmes ont souvent un niveau d'intuition plus élevé et donc une image implicite et explicite plus proche. Il y a bien sûr de nombreuses exceptions à cette règle trop générale.

Pour développer votre intuition, entraînez-vous à vous faire confiance sur une décision importante. Suivez votre premier avis. Au moment où vous décidez, soyez à l'écoute de vos émotions. Est-ce une décision agréable à prendre ? Écoutez aussi votre corps. Respirez-vous tranquillement ? Avez-vous une sensation de chaleur ou de froid ? Êtes-vous en sueur ? Si vous vous sentez bien physiquement en faisant votre choix, c'est qu'il est en accord avec votre intuition, vos valeurs et vos émotions.

Osez le narcissisme

Si nous ignorons tant nos qualités, c'est souvent par peur d'avoir l'air narcissique. Il est plus poli, plus dans l'air du temps de dire que l'on va mal et que l'on ne vaut rien plutôt que de dire que l'on s'aime. On ne prend pas de risque en disant du mal de soi. Celui ou celle qui ose affirmer qu'il se plaît a besoin d'une sacrée dose de courage.

Très cher Narcisse

Son histoire a mal commencé depuis l'Antiquité ! Jeune homme d'une exceptionnelle beauté, il a cependant repoussé les avances de la nymphe Écho. Fâchée, Écho s'est plainte de lui auprès des Maîtres de l'Olympe et l'a fait punir. Narcisse a été condamné à regarder son reflet dans l'eau. Il était triste de ne pouvoir embrasser un visage qui lui plaisait tant. Narcisse meurt, selon les versions de la mythologie, en se noyant pour toucher enfin son image ou en se suicidant.

Dans le langage d'aujourd'hui, les narcissiques deviennent forcément des pervers narcissiques, égoïstes, manipulateurs, presque criminels. Il y a pourtant un bon narcissisme qui ne fait de mal à personne. Vous avez le droit d'aimer votre vie et de vous aimer. Regardez un enfant qui va bien. Il sourit à ses parents et nage en plein bonheur narcissique. Il s'aime et ceux qui l'aiment l'encouragent à s'apprécier encore plus. Il stocke des bonnes émotions et de la confiance qui lui seront bien utiles plus tard. Le narcissique heureux a des désirs, des projets, des causes qui l'animent et donnent du sens à sa vie. Dans le meilleur des cas, il a même le narcissisme contagieux. Il autorise ses proches à s'aimer autant qu'il s'aime lui-même.

Le narcissisme de la bonne santé	Le narcissisme de la déprime
Extraversion, ouverture aux amis, capacité à communiquer.	Arrogance, manque d'empathie, incapacité à comprendre les émotions des autres.
Confiant dans ses compétences.	Demande à être rassuré et admiré à l'excès.
Dévoué et engagé dans des actions collectives.	Manipulateur et solitaire.
Fait partager ses plaisirs et opinions.	Impose son point de vue.
Dit ce qu'il pense en souriant.	Cache ses pensées et désirs.
Met en place des stratégies pour réussir.	Entretient des rêves secrets de gloire impossible.
Compétiteur et motivé par la difficulté.	Honte au moindre échec.
Sait faire reconnaître ses qualités.	Rage quand sa valeur est discutée.

Une visite au musée pour trouver son meilleur profil

Les peintres vivent de leur capacité à faire d'un visage banal une figure aimable au sens originel du terme, c'est-à-dire que l'on peut aimer. Ils forcent quelques traits et le tour est joué. Regardez les artistes des rues. Ils tendent à un homme ou une femme au physique ordinaire une image juste assez ressemblante pour qu'il se reconnaisse un peu et assez flatteuse pour qu'il l'achète.

Dans les musées, vous trouverez des experts en bon narcissisme. Un exemple d'autoportrait heureux est exposé au musée du Louvre à Paris, dans l'aile Sully. Installez-vous devant le portrait de famille peint par Nicolas de Largillière entre la fin du XVIIᵉ siècle et le début du XVIIIᵉ. Si vous ne pouvez aller au Louvre, vous pouvez le retrouver en ligne sur le site du musée : http://www.louvre.fr/oeuvre-notices/portrait-de-famille-0.

Je ne vous garantis pas la qualité de la peinture mais tout à fait celle du travail psychologique sur soi :

Il montre ses qualités et en rajoute à l'occasion.

Nicolas de Largillière met en avant tout ce qu'il a de bien. Il porte une belle perruque et il est assis à côté de deux oiseaux morts. Les oiseaux rappellent qu'en plus d'être un artiste, il est un chasseur... ce qui était glorieux à l'époque.

Il sait qu'un portrait de groupe est plus heureux qu'une image solitaire.

Il se peint en famille avec son épouse et sa fille. En leur trouvant des qualités, il s'en trouve aussi à lui-même. Tout est fait pour donner de sa famille une image parfaite. La jeune fille tient une partition de musique. Elle doit être une artiste. Sa mère sourit à son mari. Fermez les yeux, vous entendrez des notes de Rameau ou de Mozart.

Il est fier de montrer son meilleur profil.

Une fois le tableau terminé, il le donne à voir. La toile le rassure, le pose face à lui-même et aux autres. Aujourd'hui, nous regardons nos photographies de famille ou de voyage sur nos tablettes ou nos téléphones, nous les montrons, les partageons comme des indices de vie accomplie.

Il se concentre sur l'instant présent.

Le peintre pratique la méditation sans le savoir. Il s'accroche à ses qualités, se concentre sur elles. Il se nourrit de ses sensations les plus quotidiennes.

**La formule à trois temps
(présent, passé, futur) de l'antidéprime**

Situation objective bonne ou mauvaise
+
Anticipation positive sur l'avenir
+
Capacité à trouver des plaisirs
dans l'instant présent
+
Capacité à se souvenir des réussites passées

Une image positive aide à se sentir bien

Il y a deux manières de comprendre ce portrait de famille. La première est la plus simple. Je la crois fausse en partie. Nicolas de Largillière nous montre toute la vérité. Sa vie était un rêve et il s'en est fait le témoin fidèle.

La deuxième explication me paraît plus proche de la réalité. Nicolas de Largillière s'est en partie inventé un portrait flatteur et il a été heureux grâce à ce portrait. Sa toile est une jolie histoire qui a fini par lui ressembler. C'est l'image qui a créé la réalité. Peut-être (et c'est même probable) que sa fille en a eu vite assez de prendre la pose dans une robe trop lourde en attendant que son père ait trouvé la bonne couleur. Pourtant, une fois que la toile a été terminée, elle a imposé sa sérénité, son ton calme, son regard.

La déprime à l'époque classique

Les humeurs ne s'appelaient pas encore des déprimes. On parlait de vapeurs, c'est-à-dire de fumées malfaisantes qui sortent du sang pour troubler le cerveau. On souffrait du bourdon, un état laid comme l'insecte du même nom. On subissait à l'occasion l'attaque d'un autre insecte tout aussi répugnant, le cafard. Les médecins étudiaient la bile, le liquide qui coule dans le foie. Est-elle noire comme chez un atrabilaire ? Envahit-elle le cholédoque ou canal du foie ? Quand le cholédoque est atteint, on fait des *cholères* (on dit aujourd'hui colères). D'autres médecins s'intéressaient à un liquide à la mode, la lymphe. Ce fluide rendait lent, mou et graisseux, comme les lymphatiques.

Le narcissisme par procuration

Vous avez encore du mal à trouver des qualités chez vous ? Cherchez-les chez vos proches. Je connais des pères et des mères qui n'ont pu commencer à se plaire qu'en se trouvant quelques ressemblances avec ce qu'ils aimaient chez leurs enfants, neveux, nièces et filleuls. Pour les plus timides, c'est-à-dire chacun d'entre nous, la fierté par procuration (j'apprécie ce que je vois chez l'autre) est plus facile à cultiver que la fierté personnelle (je m'apprécie). Elle est aussi efficace pour renforcer son image. Dire d'un ami ou d'un parent : « il ou elle tient un peu de moi cette qualité », c'est accepter de penser : « je ne suis pas si mal ».

Faire savoir ce que l'on vaut

Les entreprises consacrent beaucoup d'argent à leur promotion. Elles réalisent des films ou des albums à leur gloire. Elles savent que leurs clients et leurs salariés ont besoin d'avoir une image flatteuse de leur marque.

Les individus que nous sommes ne prennent pas le sujet de leur image assez au sérieux. Imaginez que vous deviez réaliser un film publicitaire sur vous. Quelles dates choisiriez-vous ? Quelles réussites ? Quels projets seraient à présenter ? En commençant l'exercice, vous esquissez les premiers traits d'un autoportrait flatteur. Racontez vos catastrophes comme des étapes sur le chemin de la réussite et de la reconquête. Vous ne pouvez changer aucune des pires histoires de votre vie. Mais vous avez toute liberté pour les présenter d'une manière acceptable.

**L'énergie et le mouvement
donnent de la bonne humeur**

Le bon narcissisme dégage de l'énergie. Celles et ceux qui s'aiment savent ce qui les mobilise. La bonne humeur n'est pas un état inerte mais actif. Cultivez ce qui vous donne envie de bouger, de prendre des risques, de vous agiter, de communiquer. Quand vous construisez votre portrait antidéprime, ne cherchez pas à obtenir de vous une image trop calme. Cherchez plutôt ce qui vous exalte, vous fait plaisir et vous amuse, vous enthousiasme.

Le secret des religieuses narcissiques

Une étude américaine vient de chercher ce que devenaient cent quatre-vingts religieuses qui tenaient leur journal en 1920 au moment où elles entraient dans les ordres. Certaines avaient d'elles une image épanouie et d'autres une vision pleine de regrets. Une religieuse en pleine santé écrit : « L'année passée a été une année heureuse. Maintenant, je m'attends à encore plus de joie. » Une deuxième, plus sombre, confie à son journal : « Cette année, je n'ai fait qu'enseigner. J'essaye de faire de mon mieux, mais c'est difficile. »

Ce que l'on pense de soi détermine ce que l'on va devenir. Les religieuses qui faisaient d'elles un portrait positif et dynamique ont vécu plus longtemps. Les religieuses qui avaient une belle image d'elles-mêmes vivaient entre dix et vingt ans de plus que celles qui ne s'aimaient pas.

L'effet est le même chez les psychologues. En 1961 paraît aux États-Unis une anthologie d'écrits intimes de psychologues. Ceux qui font d'eux un portrait triste ont vécu beaucoup moins longtemps. Ils n'étaient pas protégés par leur bon narcissisme et par une image protectrice d'eux-mêmes. Sans doute étaient-ils aussi de moins bons psychologues, ayant plus de mal à apprendre à leurs consultants comment vivre avec leur image.

Remplacez la mauvaise fierté par la bonne

La bonne fierté s'appuie sur des preuves raisonnables. « Je m'estime, je travaille et je réussis. » L'orgueil ou la mauvaise fierté diffère. Il impose une fausse image de soi. « Je suis tout-puissant et tout m'est dû. » La bonne fierté résiste à l'échec et s'y adapte. Un imprévu ne remet pas en cause son image ou ses qualités. La bonne fierté nous dit : « C'est parce que nous ne nous sommes pas assez concentrés ou entraînés que nous avons perdu un match ou manqué une occasion. » L'orgueil s'effondre si on l'oblige à douter de son don naturel.

Bonne fierté	Mauvaise fierté
– J'accomplis ce que je dois. – Je suis en relation avec mes proches. – Je connais mes valeurs et mes objectifs.	– Je suis toujours le meilleur. – Je montre que je suis le meilleur. – J'essaye d'imposer mes convictions à mes proches.

Entraînez-vous à interpréter vos réussites sur le mode de la bonne fierté. En chemin, vous allez construire votre bon narcissisme. Ne dites plus : « J'ai réussi parce que c'est dans ma nature. Je suis un gagnant. » Ne dites pas non plus : « Je suis un gagnant dans tous les cas. » Dites-vous plutôt : « J'ai réussi ou j'ai gagné parce que je me suis bien préparé et grâce à mes efforts. » En cas d'échec, les croyances de la bonne fierté permettent de rebondir facilement. En travaillant un peu plus ou différemment, avec plus de concentration, vous savez que vous y arriverez une prochaine fois.

La fierté heureuse

La fierté heureuse dit : « J'ai réussi, au travail, en amitié ou en art parce que j'ai travaillé. Je me suis entraîné, j'ai fait des efforts et j'en ferai encore. » L'orgueil dit : « J'ai réussi parce que je suis toujours formidable. »

Le selfie : une pratique moderne du narcissisme

Pour l'Oxford English Dictionary, le mot de l'année 2013 était *selfie*. C'est la manière moderne de flatter son narcissisme. N'hésitez pas à y succomber de temps à autre, même si l'on vous dit que c'est ridicule... Vous pouvez vous tirer le portrait sans pour autant devenir un narcissique arrogant qui abreuve ses amis et sa famille d'images qui les ennuient.

Le *selfie* procède moins de la photographie que de la psychologie. Il se sert d'une image extérieure pour rendre la vôtre plus acceptable. À partir de nombreux témoignages d'utilisateurs de *selfie*, la manière dont il fait du bien au narcissisme commence à être comprise :

- Je visite un lieu élégant et je me l'approprie. J'envoie mon image même si nous sommes des milliers au même endroit avec la même idée.
- Je rapproche mon visage d'une personne, d'une œuvre d'art ou d'un lieu que j'admire. En bonne compagnie, je me plais plus que tout seul.
- Je choisis une pose avantageuse.
- Je me prépare un visage de victoire ou de défi.
- Une fois le *selfie* pris, je le regarde et m'apprécie. Si j'ai du mal à me voir tout seul, je regarde le monument ou la célébrité qui est avec moi.
- Je lutte contre ma timidité en envoyant le *selfie*... raisonnablement.

Passer du selfie au portrait solitaire est l'étape ultime du narcissisme qui s'assume. Après un certain nombre de *selfies* habités par un paysage ou une célébrité, vous allez pouvoir prendre une photo de vous tout seul.

La maison de Confucius

Confucius aurait pu parler des *selfies*. Mais à son époque, le narcissisme s'étalait sur les façades. « La façade d'une maison, disait-il, n'appartient pas à celui qui l'habite, plutôt à celui qui la regarde. » L'avis de Confucius est vrai aussi pour votre apparence physique. Malgré tous vos efforts, il y a une part d'incontrôlable dans le jugement des autres sur l'impression que vous laissez. On peut en retirer un sentiment d'inquiétude. Vous vous maquillez, vous vous surveillez, vous choisissez vos vêtements et ce que vous dites et à chaque choix vous vous exposez au risque de déplaire. Vous pouvez aussi trouver dans la confrontation une lecture optimiste. Il y aura des hommes et des femmes auxquels vous plairez même si d'autres vous trouvent sans charme. Pour vivre sans angoisse son image, la phrase de Confucius fait vraiment du bien. Notre façade, malgré toute l'énergie que nous y consacrons, appartient aussi à celui qui la regarde.

La tolérance du regard de l'autre fait toute la différence entre le narcissisme heureux ou dépressif.

211

Le bon narcissisme accepte de ne pas plaire à tout le monde et il ne reproche pas aux amis, parents ou collègues leur indifférence éventuelle. Tranquille sur ce qu'il vaut, il sait que leur avis peut changer. Et s'il ne change pas, quelle importance ?

La preuve par les jumeaux du poids du narcissisme

Une psychologue californienne, Nancy Segal, vient de démontrer que nous ne sommes pas tellement dépendants de notre physique dans l'impression que nous laissons aux autres. Ce qui conditionne notre séduction est notre capacité à nous aimer et à assumer notre image. Nancy Segal dirige un centre d'étude des jumeaux. Elle s'est demandé pourquoi les jumeaux ont des relations à l'amour et au travail si proches. Est-ce parce qu'ils se ressemblent ou parce qu'ils ont la même personnalité, la même relation au narcissisme ?

Pour répondre à cette question, Nancy Segal a comparé des jumeaux et des sosies. Les jumeaux se ressemblent physiquement et ont des personnalités proches. Les sosies se ressemblent mais n'ont pas la même façon d'être. Pour trouver ses sosies, Nancy Segal est allée chercher à travers tous les États-Unis des hommes et des femmes se ressemblant le plus possible.

Le résultat de son étude défend l'importance de la psychologie et de la manière dont on se voit. Les paires de sosies n'ont pas du tout la même vie ni le même niveau de déprime ou de bonne santé. Le physique ne contrôle pas tout. C'est notre caractère, ce que nous sommes vraiment, qui influence la manière dont on nous considère. Notre seul physique n'est pas aussi important. Il n'est pas nécessaire d'être le double de Marilyn pour séduire, plaire ou se plaire. Vous avez le droit de sourire même si vous n'avez pas un potentiel de séduction aussi universel qu'elle. Et dans le fond, était-elle plus heureuse que vous ?

Exercez-vous à vous trouver séduisant

Plutôt que de vous ruiner en chirurgie esthétique, apprenez à aimer votre image. Il existe maintenant des techniques d'entraînement à l'autoséduction. Exercez-vous à être heureux de ce que vous êtes et de ce dont vous avez l'air. Les psychologues spécialisés dans l'auto-évaluation positive suggèrent une attitude très volontaire pour commencer à se plaire. Leurs conseils peuvent vous paraître naïfs. Ils sont quand même utiles.

- Fixez-vous des objectifs de beauté raisonnables, compatibles avec ce que vous êtes et ce que la nature vous a donné.
- Regardez votre corps comme un instrument plutôt que comme une statue. Vous verrez ce que vous pouvez faire avec et serez moins obsédé par ses quelques imperfections.

- Observez de près une fleur que vous trouvez belle. De loin, elle vous semble parfaite. Quand vous vous approchez, vous remarquez des irrégularités dans les pétales, les couleurs. Ce sont ses défauts. Ils ne vous ont pas empêché d'être séduit par sa beauté. Cette observation vous aidera à supporter vos propres défauts. L'imperfection est la règle dans la nature comme chez les hommes et les femmes.
- Faites la liste des dix choses qui vous plaisent le plus en vous, ce dont vous êtes fier, ce qui plaît aux autres. Montrez-les et mettez-les en valeur.
- Ne vous comparez pas à des idéaux impossibles à atteindre. Vous n'aurez jamais un physique de star de cinéma ? Rien de déprimant pour autant. Et puis beaucoup de ces photos sont retouchées !
- Remplacez les discussions catastrophiques (je suis trop grosse, trop moche, trop ridé, trop petit, trop grand, trop maigre...) par des discussions sur vos qualités. Vous ne brûlez aucune calorie en vous lamentant sur votre poids et vous ne rajeunirez pas en pleurant sur vos rides.
- Cherchez les hommes et les femmes que vous admirez le plus. Est-ce pour leurs formes parfaites ou parce que vous les trouvez gentils, intelligents, capables de communiquer ?
- Apprenez à aimer l'exercice physique. Faire bouger votre corps est une bonne manière de le

trouver beau. Si votre exercice physique vous fait plaisir, il vous apportera encore plus de confiance. Et en plus l'exercice agira sur votre silhouette.

Un peu de sagesse pour finir son portrait

Il faut, dit Nietzsche, apprendre à s'aimer et à s'aimer en bonne santé et en bonne apparence. On aime la santé comme on aime la musique. Il faut faire des efforts au début. Certains morceaux nous paraissent difficiles à comprendre ou à apprécier à la première écoute. Mais nous finissons toujours par être récompensés pour notre bonne volonté, notre patience. Il faut une tendresse envers l'étrangeté, une ouverture à la nouveauté et à ce qui nous est inconnu. Celui qui réussit à s'aimer soi-même n'y arrive qu'en acceptant de se perdre un peu avant de se trouver.

ANTICIPER LE MEILLEUR POUR LE VIVRE

L'avenir tu n'as pas à le prévoir mais à le permettre.

Antoine de Saint-Exupéry

Quand deux joueurs de tennis s'affrontent, celui qui est sûr de gagner a un avantage au départ. Celui qui a souvent été battu part avec un handicap qu'il pourra malgré tout remonter.

Toutes les études sur le bien-être démontrent le poids positif de l'anticipation.

Si vous commencez une journée en la croyant pleine de chances et d'opportunités, il y a fort à parier que vous allez trouver des raisons de confirmer votre bon pressentiment. Se croire brave, c'est être brave. Et il y a bien d'autres qualités que l'on obtient juste en pensant les avoir. L'inverse est hélas vrai. Si vous vous préparez au pire, vous risquez de le faire arriver. Le vendredi 13, quand vous êtes trop sur vos gardes, vous vous mettez objectivement en danger. Les études médicales les plus rigoureuses intègrent l'optimisme comme un promoteur de bonne santé. Avant ou après une intervention chirurgicale, le degré d'optimisme est un facteur de bonne issue. Celles et ceux qui sont optimistes se soignent mieux et appliquent plus volontiers les principes de prévention. Ils ne se vivent pas comme condamnés par un destin contraire auquel ils n'ont pas accès.

Quand vous musclez votre optimisme, c'est comme si vous preniez un traitement préventif contre les infarctus et les accidents vasculaires cérébraux. Une étude conduite chez des jeunes gens au moment de leur incorporation dans l'armée avait montré que les plus optimistes avaient moins tendance à faire des caillots. Leur sang se coagulait moins facilement. Dernier effet physique de l'anticipation positive : elle rend plus résistant aux infections avec des défenses immunitaires plus réactives.

Si l'on mesure l'impact de l'optimisme sur la santé psychologique et la bonne humeur, les résultats sont encore plus impressionnants. L'optimisme protège à la fois des coups de déprime et des grandes maladies dépressives.

Connaissez-vous le nexting ?

Compte tenu de l'importance pour la santé de l'optimisme, autant entraîner son talent de bonne anticipation. Les études médicales appellent *nexting* l'aptitude à se préparer à des lendemains plus souriants. Vous vous attendez au meilleur, vous vous y préparez, vous le visualisez et bien souvent vous n'êtes pas déçu. Le *nexting* n'explique pas tout. Il ne rend compte que de 14 % de la réussite. Les 86 autres pour cent dépendent de vos qualités, du hasard et des circonstances extérieures. Mais sans les 14 premiers pour cent, les autres paramètres n'ont aucune chance de s'exprimer !

Voici quelques réflexions pour vous faire avancer vers l'anticipation positive :

Prenez le temps de demander à vos enfants ce qu'ils imaginent de leur vie d'adulte. En vous le racontant, ils augmentent leur motivation et se donnent les moyens de réussir.

Face à une épreuve ou un examen, représentez-vous la manière dont vous allez surmonter la difficulté. Vous vous programmez ainsi pour le meilleur.

Cherchez quelles possibilités intéressantes votre vie professionnelle peut vous réserver. Ce que vous prévoyez et ce dont vous parlez a de grandes chances de vous arriver.

Augmentez votre nombre de jours de vacances en sortant vos valises

Vous voulez prolonger vos vacances ? Sortez vos valises bien à l'avance. Vous ne vous inquiétez pas de ce que vous allez mettre dedans mais vous les exhibez au milieu du salon ou de votre bureau. Elles vont vous faire anticiper une ambiance de vacances. Lisez aussi des guides et regardez des photos de votre lieu de villégiature une semaine avant de partir. Vous commencez à profiter du plaisir du voyage. Une fois en vacances, vous vivrez plus intensément les moments agréables. Le fait de les avoir prévus et visualisés vous a préparé au bien-être. Les recherches sur le plaisir des vacances sont formelles. On est souvent plus heureux avant que pendant, et toujours plus heureux avant qu'après. Alors autant faire durer la période d'anticipation et la vivre plus fort.

Le jeu du dictionnaire

Vous manquez d'imagination pour trouver ce qui peut vous arriver d'agréable demain ? Ouvrez votre

218

dictionnaire préféré et choisissez une lettre au hasard. Cherchez parmi les mots commençant par la lettre tirée au sort, ceux qui vous inspirent le plus pour préparer une expérience positive. Prenons l'exemple des mots commençant par « ca- ». Regardez-les et choisissez ceux qui vous inspirent. Laissez voguer votre esprit et imprégnez-vous de la scène plaisante que le mot vous suggère.

Cabaret
Cabriolet
Cacahuète
Cacao
Cachemire
Cache-sexe
Cachette
Cadeau
Café
Cafétéria
Cagnotte
Cajoler
Calembour
Calepin
Californien
Câlin
Calme
Campagne
...

Il est possible que vous ayez envie de poursuivre l'expérience avec une autre lettre. Vous allez regarder différemment votre dictionnaire. Il est une source d'anticipations agréables auxquelles vous n'aviez pas pensé.

Quelques idées de plus
pour corriger les anticipations déprimantes

- *Le portrait négatif de nous-même est peut-être juste, mais pas tout le temps.* Nous ne lui ressemblons pas en permanence. On peut ainsi chercher des exceptions à la règle ou à la routine de la culpabilité. Bientôt ces exceptions deviendront majoritaires.
- *Travailler la technique du « oui, mais ».* Je ne suis pas heureux, mais… C'est en exerçant son esprit de contradiction que d'autres explications et d'autres images de soi apparaissent.
- *Changer de position par rapport à une situation.* Suis-je sûr que si je ne m'évaluais pas moi-même un autre n'aurait pas sur moi un regard plus bienveillant ?
- *Jouer au jeu du pire.* Poussez jusqu'à l'absurde vos projections pessimistes en jouant au jeu du pire. Vous serez bien obligé d'admettre que votre esprit exagère quand il se prépare en permanence à une catastrophe.

Penser en adulte optimiste plus qu'en enfant fâché

Pour le psychologue suisse Jean Piaget, on devient adulte quand on accueille en soi un optimisme raisonnable. On anticipe le meilleur sans nier l'existence du danger. Il faut pour cela renoncer à cinq croyances qui enferment dans la morosité. Ces croyances tristes sont des pensées infantiles qui jugent en tout ou rien. La réalité telle que la comprend un adulte est toujours plus souple, plus libre, moins inquiétante.

Pensées infantiles déprimantes	Pensées adultes de bonne humeur
Raisonnement global : *je suis un raté, un être sans intérêt.*	Raisonnement multidimensionnel : *je suis à la fois un raté et un homme ou une femme qui réussit. Il y a des domaines que je ne maîtrise pas et d'autres où je peux intéresser mes amis ou ma famille.*
Raisonnement invariant : *j'ai toujours été comme je suis et je ne changerai pas.*	Raisonnement souple : *je peux changer selon les circonstances et avec le temps.*
Diagnostic de « caractère » : *j'ai quelque chose de triste dans ma nature.*	Diagnostic de comportement : *il y a des situations tristes que je peux corriger.*

Irréversibilité : *avec ma faiblesse, je ne m'en sortirai pas.*	Réversibilité : *on peut apprendre à tout âge, au mien aussi.*

La leçon du baron de Rothschild

Il n'y a pas de destin de riche ou de pauvre, de femme ou d'homme définitivement heureux ou malheureux. L'histoire de la peinture en donne une preuve avec une histoire qui fait du bien. Elle montre que le meilleur peut arriver même quand on ne s'y attend pas. L'anticipation positive est parfois (souvent) une croyance réaliste. Les optimistes sont moins naïfs qu'on ne le croit.

Le peintre Eugène Delacroix avait été invité chez le baron James de Rothschild. Delacroix confie au baron qu'il est en manque d'un modèle pour représenter un mendiant dans une de ses toiles en cours. Puis, presque en riant, le peintre dit au baron que son visage pourrait bien inspirer la tête de mendiant qu'il cherche depuis longtemps. Le baron enlève son habit et enfile un vêtement usé pour jouer le rôle du pauvre sur la toile de Delacroix. L'histoire ne s'arrête pas là. Delacroix quitte quelques instants son atelier. L'un de ses élèves arrive. Il discute avec le baron déguisé en mendiant, le prend en pitié et lui donne une petite pièce. Eugène Delacroix revient et demande au baron de reprendre la pose. Le baron montre la pièce qu'on lui a donnée. Il n'avait pas dû dans sa vie recevoir beaucoup d'autres aumônes !

Delacroix dit au baron que son élève, bien que généreux, est très pauvre et que cette pièce représente pour lui une privation. Le jeune élève recevra quelques jours plus tard une lettre de la banque Rothschild l'invitant à venir toucher les intérêts de sa pièce. L'élève peintre crut à une plaisanterie jusqu'à ce qu'il s'aperçoive que le faux pauvre lui avait attribué une bourse qui lui permit de terminer ses études aux Beaux-Arts.

Optimiste ou pessimiste ?

Les optimistes voient le verre à moitié plein plutôt que le verre à moitié vide. Les hommes ou les femmes heureux savent quoi faire même d'un verre vide. Ils le remplissent ou ils le rangent.

Gardez vos zones de folie en puissance

Vous devez, pour aller bien, être un sage en action et un fou en puissance. Même si vous ne faites pas de folies, vous êtes prêt à en faire et vous savez que vous pouvez en faire. Vous ne renoncez pas aux mille possibilités que vous réserve l'avenir. Les portraits de soi alangui, détendu, installé dans une vie confortable, annoncent moins de bons événements que les images d'un homme ou d'une femme en combat, en révolte ou en exploration. Sortez de votre fauteuil et de votre univers familier pour rester de bonne humeur. L'effet anticipation est vrai à tout âge. Vous gardez le droit de vous exprimer fort, de rire, de râler, de changer d'avis.

Surprenez-vous, surprenez vos proches. Cultivez vos marottes, vos loisirs dont on se moque, vos coups de folie. Vous resterez un peu explosif et imprévisible. C'est bon pour le moral. Il n'y a que les moroses qui soient prévisibles. Ils se couchent et se lèvent avec des idées tristes.

Vous manquez d'idées sur ce qui pourrait vous rendre encore plus explosif, actif et dynamique ? Inspirez-vous des quelques questions qui suivent.

- Dans quel domaine appréciez-vous le plus de prendre des risques ? *Trouvez-le et lancez-vous.*
- Quelle est la situation qui mobilise en vous le plus d'énergie, le travail, la famille, la vie amoureuse, l'amitié, la politique, l'engagement ou la spiritualité ? *Foncez.*
- Quand vous êtes-vous étonné pour la dernière fois ? *Recommencez l'expérience.*
- Quand vous êtes-vous fait un peu peur à force d'être enthousiaste ou exalté ? *Continuez à oser !*

Vous pouvez vous inspirer du poète Jean Cocteau qui disait à ceux qui le trouvaient trop actif : « Ce que l'on te reproche, cultive-le, c'est toi. Enfoncez-vous bien cette idée dans la tête » ou encore « Je cherche ma route, et je la chercherai jusqu'à ma mort... »

« Détoxifiez » votre moral

Depuis Adam se laissant enlever une côte jusqu'à Napoléon attendant Grouchy, toutes les grandes affaires qui ont foiré étaient basées sur la confiance.

Michel Audiard

Un ami ressemble à un habit.
Il faut le quitter avant qu'il ne soit usé.
Sans cela, c'est lui qui nous quitte.

Jules Renard

Il devient banal d'exclure de sa vie le gluten et même le sucre pour espérer aller bien ou mieux. En fait ce sont les comportements, les amis et les produits déprimants dont vous devez surtout vous passer. Tout déprimé est un bien portant qui s'ignore... à condition qu'il se protège des poisons de sa bonne humeur, qu'il garde à distance les faux euphorisants. Les coups de déprime ne se soignent pas avec des médicaments stimulants mais avec des petites cures de désintoxication ciblées.

Selon les cas, on se débarrasse d'une drogue, d'une habitude envahissante ou d'un pervers qui promet le bonheur en vous rendant la vie impossible.

Les faux amis de votre bonne humeur

Roland Barthes a bien décrit les fâcheux qui attaquent la bonne humeur.

« Je suis sans cesse dérangé par une vague relation, rencontrée par hasard et qui s'assied de force à notre table ; des voisins de restaurant dont la vulgarité visiblement fascine l'autre [celui ou celle que l'on aime], au point qu'il [ou elle] n'entend pas si je lui parle ou non. »

Protégez-vous des râleurs et des grincheux

Si Roland Barthes avait vécu quelques années de plus, il aurait subi d'autres fâcheux branchés, ceux qui consultent en continu leurs *pushs* quand on leur parle, qui mettent à jour leurs messages et leurs mails quand on veut les aimer et qui font sonner leur portable pendant les concerts. Face à ces poisons de la bonne humeur, nous ne sommes jamais sans défense. Nous pouvons les garder à distance et ne pas les laisser revenir.

Nous sommes programmés pour être influencés. Une critique même injuste nous atteint plus qu'elle ne le devrait. Quand quelqu'un nous dit que nous avons mal travaillé ou mal agi, nous sommes contrariés. Même si nous sommes sûrs de notre bon droit, nous doutons de nous. Nous nous demandons s'il n'a pas un peu raison dans le fond. Quand on vous trouve fatigué, vous commencez à l'être et si l'on vous trouve mauvaise mine, vous vous sentez patraque.

Une étude récente étonnante vient de montrer que la déprime pourrait être une des émotions les plus contagieuses. Des rats mis en présence d'autres rats déprimés « attrapent » la tristesse de leurs congénères. Ils mangent moins, bougent moins et prennent plus de sucre pour se consoler.

Nous prenons des précautions vis-à-vis des maladies infectieuses. Nous nous écartons de quelqu'un qui tousse devant nous ou éternue. Je crois qu'il faut aussi mesurer le pouvoir de contagion de la déprime. Faut-il fuir les amis déprimés et surtout déprimants ? Certainement pas… Mais l'on peut, comme pour toute autre maladie transmissible, se trouver une protection ou un vaccin. Une seule personne sans joie suffit à empoisonner toute une maison et à y assombrir l'atmosphère. Et il faut au moins un miracle pour que cette personne fasse défaut. Le bonheur n'est guère une émotion aussi contagieuse.

Nous offrons à nos amis râleurs ou aigres notre temps, notre amitié et pourquoi pas notre aide. Mais ne les laissons pas nous rendre malade et attaquer notre image et notre bonne humeur. Une semaine de détox de toutes les relations ennuyeuses, malveillantes, a un effet spectaculaire sur le bien-être.

**Les addicts du bonheur trop actifs
pour être heureux**

Ils sont pratiquants de la religion du bonheur avec ses retraites, ses séminaires spécialisés où l'on se soigne et l'on prévient le mal de vivre, le stress de sa génération, de celle des parents et des grands-parents. Pour eux, la tristesse est une déviance, une trahison de leur projet de vie. À trop chercher le bonheur, ils angoissent un peu celles et ceux qui croisent leur chemin. Ils font tout pour être heureux sauf qu'ils oublient en route l'amusement, l'improvisation et les moments où l'on met de côté les grands principes qu'on s'est fixés.

L'image de la planche à bascule

Imaginez un chien qui avance sur une planche à bascule. Il monte comme monte l'humeur de celui ou celle qui consomme un toxique ou vit avec un mauvais ami. Quelle leçon en tirer ? Ce n'est pas parce qu'une boisson fait plaisir à un moment ou qu'un flatteur vous embobine qu'ils ne peuvent pas voir leur effet s'inverser avec le temps.

En chantant le vin, Georges Brassens en faisait aussi un compagnon à deux faces qui console mais dans lequel on peut se noyer :

*Que vienne le temps
Du vin coulant dans
La Seine !
Les gens, par milliers,
Courront y noyer
Leur peine*

L'alcool heureux	L'alcool déprime
– Alcool lors d'occasions, fêtes, soirées.	– Alcool solitaire.
– Recherche des qualités gustatives, bons vins, bons alcools.	– Recherche de l'euphorie artificielle, de l'ivresse ou de l'endormissement.
– Boit les quantités prévues.	– Perte de contrôle dès qu'on commence à boire.
– L'alcool est l'ornement d'une fête ou d'un repas.	– L'alcool est le centre d'intérêt principal de la réunion.
– Pas de manque, ni de gêne si une consommation d'alcool prévue n'a pas lieu.	– Sentiment de manque ou de gêne.
– Ne boit pas dans des situations « à risque » (avant de conduire, au travail).	– Boit malgré les risques.
– Ne boit pas quand l'alcool le déprime.	– Boit malgré la déprime que provoque l'alcool.

Vous faites un pas important vers la santé et la bonne humeur quand vous vous demandez honnêtement quels sont sur vous les vrais effets de l'alcool ou de toute autre substance. L'alcool est-il un plaisir, une fête ou un toxique de votre humeur que vous n'osez pas regarder en face ?

Alcool : un verre, ça va, trois verres, bonjour la déprime

Un verre d'alcool met de bonne humeur. Vous en faites régulièrement l'expérience. Les blagues que vous racontez en fin de repas ne sont pas les mêmes qu'à l'apéritif. Vous avez sans doute utilisé l'alcool pour faire fondre la glace, vous rendre moins timide face à des personnes qui vous plaisent ou vous impressionnent. Mais dès que la consommation se prolonge, devient régulière, elle mène à des coups de blues. Si elle dure encore, c'est vers la vraie dépression que l'on file tout droit. Il faut donc accepter de se modérer pour un produit qui finit par rendre triste après avoir fait plaisir. Un chapitre suivant de ce livre vous dira comment détoxifier en pratique votre moral.

Les recherches récentes confirment le double effet de l'alcool sur le blues. Un verre augmente la sérotonine, l'hormone de la bonne humeur. Plusieurs verres la font descendre. L'alcool, par ailleurs, empêche de réfléchir. Avec un verre, vous vous concentrez mieux. Après trois verres, vous comprenez de moins en moins ce que vous disent vos amis. Vous n'arrivez plus à décoder leurs émotions. Vous ne savez pas s'ils sont fâchés ou contents, hostiles ou amicaux.

Une dernière expérience vient de démontrer que l'alcool rend intelligent puis naïf quand on continue à boire. Vous donnez à des adolescents un petit verre de vin ou de bière et vous leur faites retrouver les mots *fleur* ou *amitié* dans une liste d'autres mots. Après avoir bu leur verre, ils se concentrent mieux et retrouvent plus vite le mot choisi. Dès qu'ils dépassent le verre fatidique, l'effet s'inverse. Ils ne retrouvent plus leurs mots. Selon la dose d'alcool que vous adoptez, vous choisissez ainsi un style de vie déprimant ou antidéprime.

Effet de l'alcool
sur les capacités intellectuelles

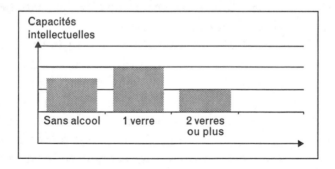

Choisir la liberté réserve des surprises

Quand on choisit la bonne santé et la liberté face aux toxiques, il faut parfois faire évoluer ses loisirs et ses relations. Il est difficile de continuer à fréquenter des fêtes ou des dîners dont le seul objectif est d'arriver à l'ivresse avec de l'alcool ou des drogues.

Un de mes amis, bénévole à l'hôpital, vient de s'apercevoir qu'il n'est pas simple de changer ses habitudes déprimantes. Avec sa dégaine de cowboy, il trouvait que l'alcool, les nuits sur Internet, le haschich et le tabac lui allaient bien. Ils ajoutaient à son air de chanteur de blues (en réalité il est retraité de la gendarmerie) revenu de tout. Comment supporter le monde tel qu'il est devenu sans une cigarette et un whisky ? Il aurait pu continuer entre les fêtes arrosées, ses nuits en ligne et ses semaines de carême personnel. Son médecin traitant lui a montré que son foie, carême ou pas, commençait à demander grâce. Et que, dans le même temps, il devenait de plus en plus irritable et morose.

« Je m'attendais toujours que mes produits me rajeunissent de dix ans, me donnent un coup de fouet, me rendent moins timide et moins dépressif. C'est pourtant chaque fois l'inverse. Et chaque fois j'oubliais mon erreur. » Avec un peu de travail sur lui, mon ami rockeur a réussi à se passer de ses faux euphorisants. Il a retrouvé une énergie qu'il croyait perdue, une bonne santé et une bonne humeur qu'il n'imaginait plus à sa portée.

Tout allait bien jusqu'à ce que son fils aîné lui rende son chien, un épagneul que la famille avait hébergé à la campagne pour le protéger des balades intoxiquées de son maître. « J'ai rechuté à cause de lui. Moi j'avais accepté de ne plus rentrer dans les cafés, mais lui avait gardé ses habitudes. Quand je le sors, le soir et le matin, il connaît tous les bistrots autour de chez moi. Il tire sur la laisse et il entre. Alors, je me laisse tenter. Il va falloir que vous me donniez l'adresse d'un spécialiste de la désintoxication canine pour finir mon travail sur la mienne. » Heureusement, l'histoire s'est bien terminée. Le chien n'a pas changé ses rituels. C'est mon cow-boy qui a découvert le plaisir du diabolo menthe et de la vapoteuse. Les deux lui donnent « plus de pêche que tous les whiskys et autres cigares ».

Fausses croyances	Bonnes croyances
• J'ai besoin de mon petit verre ou de ma petite cigarette pour supporter les soucis quotidiens.	• J'aurais bien moins de soucis sans alcool ni cigarette.
• Je ne suis pas assez fort pour me passer d'alcool ou de tabac.	• J'ai besoin d'arrêter ou de diminuer l'alcool et le tabac pour être plus en forme.
• J'attends d'être complètement motivé pour me décider à arrêter.	• Je commence à diminuer ou arrêter quelques jours. La motivation suivra.

Comment la vapoteuse libère le cerveau

Le tabac est sans doute le plus traître des produits en vente libre. Une cigarette donne un coup de fouet et aide à se concentrer. Une prise prolongée de tabac attaque la santé du corps et de l'esprit. Celui, ou celle, qui fume régulièrement fabrique tout seul sa mauvaise humeur. Les plus gros fumeurs sont les plus déprimés. Celles et ceux qui arrêtent de fumer retrouvent vite un meilleur moral et de meilleures artères.

La nicotine a un génie malfaisant particulier. Dès que l'on commence à en prendre, on a envie de continuer et quand on arrête, on se sent mal. La nicotine est ainsi la molécule qui donne le plus de signes de manque. Parmi ceux-ci, il y a l'énervement qui fait entrer dans un cercle vicieux. On prend pour calmer son mal-être un produit qui entretient le mal de vivre.

Le manque peut facilement être corrigé en prenant de la nicotine sous une autre forme que la cigarette. Les patchs et maintenant les vapoteuses ou e-cigarettes sont bien meilleurs. Vous évitez le goudron et vous protégez votre cœur, vos poumons et votre moral.

Sans en avoir l'air, la vapoteuse est une machine sophistiquée qui diminue l'envie de fumer. Elle ne produit pas dans le cerveau des pics de nicotine comme la cigarette. Elle envoie une petite dose de nicotine qui donne moins envie de recommencer.

Cette action s'explique par les récepteurs à la nicotine. Sous l'effet des pics de nicotine de la cigarette classique, le nombre de ses récepteurs augmente dans le cerveau. Les neurones s'adaptent à l'apport brutal du produit. Entre deux cigarettes, le cerveau souffre. Il a de nombreux récepteurs et pas assez de produit. Avec la vapoteuse, comme la nicotine ne monte pas d'un coup au cerveau, les récepteurs ne voient pas leur nombre augmenter. Celui-ci a même tendance à diminuer. Votre cerveau, avec moins de récepteurs à la nicotine, est donc moins en attente de la bouffée suivante. Plus vous tirez sur votre vapoteuse, moins vous avez besoin de nicotine.

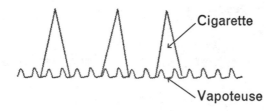

Utilisez mieux votre téléphone portable

Le téléphone portable et connecté peut être un bon ou un mauvais ami de l'humeur. Utilisé à bon escient, il facilite les contacts et maintient des liens avec la famille ou les amis éloignés. Le risque est d'en faire un confident ou un psychothérapeute. Les longues conversations au téléphone ne font pas tant de bien que cela à l'humeur quand on n'est pas en forme. Elles créent un sentiment de présence artificielle et laissent croire que l'on n'a pas besoin de contacts directs. Le seul antidote aux conversations sur le portable est de les équilibrer par des temps équivalents de dialogue en face à face dans la vraie vie.

Une étude vient de comparer les effets sur l'image de soi d'une conversation sur un portable, d'un mail et d'un sms. Les messages les plus actifs sur la bonne humeur sont les sms. Le fait de lire un petit texte, de le voir écrit, a plus d'impact émotionnel que la voix. Un écrit nous apparaît plus intime et plus personnalisé. Il est accessible plusieurs fois et l'on peut le relire, alors qu'une conversation téléphonique agréable ne peut pas se répéter.

Le jeu d'argent : un plaisir qui rend triste

Le jeu d'argent comporte des risques. Les plus grands joueurs sont les plus exposés aux graves coups de déprime. Selon une légende de joueurs, le patron du casino de Monaco passait chaque petit matin dans les jardins de son établissement. Quand il trouvait des hommes suicidés après s'être ruinés en jouant, il bourrait leurs poches de billets pour que l'on n'accuse pas le casino de les avoir déprimés.

Le danger avec le jeu d'argent est l'escalade des paris. Un gros gain vous entraîne dans une fuite en avant. Le gain piège plus que la perte et est plus dangereux.

Après avoir gagné, vous risquez de vous exalter, de vous croire plus fort que le hasard. Vous continuez à jouer et c'est là qu'arrivent les soucis, les coups de blues et les vraies ruines. Tristan Bernard, joueur mordu lui-même, portait une belle casquette de capitaine de vaisseau. Il racontait à qui lui prêtait l'oreille qu'il venait de la gagner au casino. Il ajoutait aussitôt qu'avec ce qu'il avait perdu il aurait pu s'acheter un yacht !

Comment un gain peut tout faire perdre

Je revois souvent un jeune homme qui jouait sur Internet à des loteries et au poker. Sa vie, trouvait-il, manquait de piment. Et surtout personne ne faisait attention à lui. Sa compagne de l'époque lui racontait ses études d'architecture, ses projets de construction. Quand il parlait de ses journées de chauffeur de taxi, il ne l'intéressait pas. Un soir, il a gagné cent euros devant son ordinateur. Son travail lui rapportait autant en quelques heures mais là, il basculait dans le romanesque. Il en a parlé, plus que de ses pertes au jeu qui se comptaient en milliers d'euros. Ce qui l'a troublé, c'est le regard de sa compagne et de ses parents sur son gain.

On ne le voyait plus comme un jeune homme luttant pour gagner sa vie et enchaînant les courses de taxi. Il était devenu un vainqueur, un gars intéressant et débrouillard, un homme heureux, gâté par le sort. Son père, qui l'oubliait des semaines entières, lui a téléphoné. Il a voulu le rencontrer pour en savoir plus sur ces fameux cent euros. Quel site avait-il utilisé ? S'est-il servi d'une martingale, de pronostics, d'un modèle mathématique ? Le gain était plus symbolique que réel, plus psychologique que financier. Il a fallu que nous ayons ensemble quelques conversations pour qu'il trouve en lui des qualités, des ressources, aussi intéressantes à mettre en avant que son virement de cent euros par un site de poker en ligne.

Les effets du gain dans un jeu d'argent sont confirmés par les derniers travaux neurobiologiques. Si l'on compare le cerveau d'un homme joueur et d'un autre qui ne joue pas, ils n'ont à l'état de base rien de différent. Quand le joueur rencontre son jeu et quand en plus il gagne, son cerveau s'enflamme. Il n'a plus rien à voir avec le cerveau d'un homme ou d'une femme qui ne joue pas. Encore plus étonnant, la zone de son cerveau qui se met en action est ce que l'on appelle le centre de récompense cérébral. Cette même partie du cerveau s'active chez un alcoolique quand il boit ou chez un fumeur quand il prend une cigarette.

Jouer sans se ruiner ?

Quelques idées et réflexions vous rendent la main face au tapis vert. Vous résistez d'autant mieux à la déprime du jeu et à l'escalade des mises que vous comprenez comment le jeu agit sur votre esprit et votre humeur.

En étudiant les statistiques.

Même si le sort vous sourit une fois, la répartition entre les gains et les pertes est en faveur du casino ou du site de jeu. C'est imparable. Plus vous jouez, plus vous augmentez vos chances de perdre. La psychologie appelle « illusion de maîtrise du sort » la somme des fausses croyances sur le hasard. Si vous savez bien vous servir d'une calculette, vous aurez moins envie d'affronter une situation toujours plus forte que vous.

En renonçant aux martingales et aux superstitions.

Elles ne marchent pas. Leur seul effet est de vous entretenir dans l'illusion que vous êtes plus fort que le hasard. Et le sort est justement ce qui ne peut pas se contrôler.

Il existe des fausses machines à sous qui rééduquent les joueurs et leur font renoncer à leur technique de jeu prétendues imparables. Plus ils prennent de risques et plus ils perdent. Avec un peu d'exercice, ils sont moins tentés de jouer de grosses sommes d'argent.

En étant plus fier de l'argent que vous n'avez pas joué que de celui que vous avez gagné.

On devient dépendant du jeu quand l'image que l'on a de soi ne repose que sur ce que l'on gagne.

Pour gagner, même un peu, vous devez jouer de plus en plus et vous êtes pris dans la spirale des dépenses.

En testant sa capacité de résistance.

C'est un exercice comportemental classique et utile. Vous entrez dans un casino ou vous vous connectez à un site de jeu en ligne. Vous misez une somme minimale et vous repartez. Vous venez de remporter le plus gros gain possible.

Travailler sans déprimer

Le travail, comme l'alcool ou le tabac, peut devenir une obsession et un producteur de déprime. Pour rester calme face à son travail, il faut trouver une manière de s'y investir sans excès.

Séparez nettement les temps de loisirs du temps de travail.

Quand vous travaillez, vous essayez d'être le plus disponible possible à ce que vous demande votre environnement professionnel. Une fois rentré chez vous, ne vous laissez plus polluer par le travail. Tentez de ne plus y penser et évitez d'en parler.

Obligez-vous à changer le soir de centres d'intérêt.

Distrayez-vous et intéressez-vous à des sujets, des actions inutiles et non productives.

Ne travaillez pas toujours seul.

Le travail solitaire est plus triste et plus addictif que le travail en groupe ou en équipe. Il se transforme en défi que l'on s'impose. On cherche moins à accomplir une tâche qu'à dépasser ses limites.

Soyez plus fier de votre production que du temps passé à travailler.

Vous évitez ainsi le *présentéisme*. Le *workholique* (dépendant du travail comme un alcoolique de l'alcool) confond la quantité de travail et la qualité du travail. Il n'est pas particulièrement glorieux d'arriver toujours le premier et de partir le dernier. Mieux vaut participer à un grand projet qui a du sens que de refuser de déléguer la moindre tâche.

Défendez vos fins de semaine et vos vacances comme des moments de liberté.

Le psychanalyste Sandor Ferenczi appelait la dépendance au travail une petite névrose du dimanche et une grande névrose de l'été. Entraînez-vous à tolérer ces moments où le travail ne vous distrait pas et où vous êtes seul avec vos proches et vos pensées intimes.

Dans les moments sans travail, libérez-vous vraiment.

Ne soyez disponible que pour les urgences et les cas de force majeure. Limitez le recours à la dernière merveille technologique que l'on vous a offerte pour rester connecté. Le niveau de bonne humeur diminue quand le temps que l'on passe avec elle empêche de profiter de la vraie vie.

Les conseils aux entreprises de Tristan Bernard

Le paresseux est plus loyal que les autres hommes, il ne fait pas semblant de travailler... La vraie paresse, c'est de se lever à six heures du matin pour avoir plus longtemps à ne rien faire.

Cultivez la politesse au travail

Il est à la mode de défendre le bien-être au travail. La politesse est sans doute encore plus importante. L'impolitesse est une vraie maladie du corps et de l'esprit. Elle rend plus sensible aux infections et augmente le risque d'ulcère et de maladies cardiovasculaires. Les comportements les plus impolis et déprimants au travail sont identifiés par des recherches récentes. Il faut les reconnaître pour ne pas y céder :

- ne pas écouter quelqu'un jusqu'à la fin parce qu'on le trouve ennuyeux,
- répondre à son téléphone ou à ses mails, sms, etc. au milieu d'une réunion sans quitter la pièce,
- se moquer en public du physique, de la personnalité, des propos d'un collègue.

La politesse est un vrai traitement de l'individu et du collectif de travail. Nous allons mieux, entouré de personnes polies qui sont à l'écoute de nos émotions. Les effets objectifs de la politesse sont de plus en plus connus. Les entreprises responsables en font un principe de leur gestion du personnel tant elle augmente la créativité et la productivité. Si un professeur est impoli avec ses élèves, il diminue de 60 % leurs performances et leur créativité.

La politesse est utile dans tous les métiers. Il n'est pas interdit de « surjouer » la politesse et de mettre en avant ses bons comportements sociaux comme :
- écouter ses collègues,
- sourire,
- remercier,
- partager ce que l'on pense,
- privilégier les discussions en face à face avec un contact visuel,
- ne pas utiliser son téléphone ou son ordinateur quand quelqu'un est en train de vous parler.

Quelques sociétés soucieuses de la bonne humeur de leurs salariés viennent d'installer une grande boîte à l'entrée des salles de réunion. Chacun doit y déposer son téléphone et son ordinateur. Les réunions sont depuis plus courtes, plus productives et plus drôles. Et les salariés se sentent en meilleure forme physique et psychologique.

Trois techniques de détox infaillibles

Ces trois techniques sont mon « ordonnance de liberté » préférée. Je les offre à celles et ceux qui ont besoin ou envie de s'alléger, de sortir d'une habitude et ne savent pas par où commencer.

Allégez-vous de vos contraintes inutiles.
Un homme pendant tout un voyage en train entre Paris et Marseille jette un grain de poudre par la fenêtre toutes les cinq minutes. Il surveille sa montre pour ne pas rater le moment de lancer sa poudre le plus loin possible. Arrivé à Marseille, il est épuisé et son voisin n'en peut plus de le voir s'agiter sans comprendre ce qui l'anime.
  – Je lance de la poudre anti-éléphants par la fenêtre à intervalles réguliers. Et après je note l'endroit où la poudre est tombée.
  – Oui, dit le voisin, mais le train Paris-Marseille n'est jamais attaqué par des éléphants.
  – C'est bien grâce à ma poudre.

Nous avons tous notre poudre anti-éléphants, les habitudes que nous nous imposons et qui ne servent à rien. C'est vrai dans l'organisation du travail, dans notre famille, avec les objets inutiles que nous gardons ou avec nos manies. Commencer à trouver quelques-uns des flacons de poudre anti-éléphant donne à la vie plus de légèreté.

La balance de la bonne décision.

Cette expérience simple vous permet de vous passer de toutes vos dépendances. Une fois encore, elle vous fait appliquer le bon sens médical à la protection contre la déprime. Vous écrivez à gauche tout ce que le faux ami ou le toxique vous apporte et à droite ce qu'il vous enlève. Concentrez-vous sur la bonne et la mauvaise humeur que votre faux ami vous donne et qui vous empêche de vivre. Prenez votre temps. La colonne de droite va se remplir de manière inexorable. Vous allez trouver de plus en plus d'arguments pour arrêter l'alcool, le tabac, le travail ou le jeu en excès. Le jour où vous aurez décidé d'agir, vous vous appuierez sur toute votre colonne de bonnes raisons.

La balance de la bonne décision	
Arguments pour continuer ce qui me déprime ou me fait du mal :	Arguments pour diminuer, arrêter ou changer de comportement :
– le plaisir – la peur d'échouer – – – – – –	– l'inventaire des effets négatifs – l'action sur la bonne humeur – – – –

Visualisez une vague.

Si nous continuons à boire, fumer ou jouer à l'excès, c'est que nous croyons à tort que les envies toxiques sont plus fortes que nous. Nous avons peur de sombrer dans la déprime ou dans une vraie dépression si nous congédions un de ces faux amis. Le modèle de la vague aide à reprendre la main. Quand une envie toxique vous envahit, vous la voyez monter, vous sentez qu'elle vous dépasse. Mais visualisez une vague, et la situation va se détendre. Votre envie augmentera certes pendant trente minutes à une heure, mais après, elle retombera forcément.

Plus la vague vous paraît haute, plus elle retombera lourdement. En aucun cas elle ne sera plus forte que vous. Le modèle de la vague s'applique aussi aux coups de déprime. On supporte mieux un souci si l'on est sûr qu'il ne va pas durer et qu'il va finalement disparaître.

Les courtes habitudes de Friedrich Nietzsche

« J'aime les courtes habitudes et je les tiens pour le moyen de connaître nombre de choses et de situations. Ma nature est entièrement faite pour de courtes habitudes. Le jour vient où la bonne chose a fait son temps : elle se sépare de moi, paisiblement, rassasiée de moi comme je suis d'elle et comme si nous nous devions une reconnaissance mutuelle. Et déjà la chose nouvelle m'attend à la porte. Pour moi, il en est ainsi des repas, des pensées, des hommes, des villes, des poèmes, de la musique, des doctrines, des programmes du jour, des manières de vivre. En revanche, je hais les habitudes durables et je sens comme l'approche d'un tyran et comme un empoisonnement de mon atmosphère dès que les circonstances prennent une telle tournure. »

Interpréter positivement

> *Ce ne sont pas les choses elles-mêmes mais l'opinion*
> *qu'ils se font des choses qui tourmentent les hommes.*
>
> Épictète

> *La seule façon d'être heureux, c'est d'aimer souffrir.*
>
> Woody Allen

Les événements que nous vivons comptent moins que la manière dont nous les observons et les interprétons. Certains ont un talent naturel pour voir le meilleur en toutes circonstances. Ils accueillent l'imprévu comme une occasion à saisir. Ils vivent à fond leurs moments agréables. Ils prévoient que leurs plaisirs peuvent se prolonger et que leurs désagréments ne vont pas durer. Ils ont une aptitude au bonheur.

Les autres ne sont pas perdus. Ils doivent simplement entraîner leurs capacités à savoir interpréter. La grande découverte de la psychologie moderne est que l'on peut changer sa manière d'interpréter. Les fautes de raisonnement se corrigent sitôt qu'on les remarque et que l'on s'applique à ne plus les utiliser.

Nos croyances sont stockées dans notre pensée ou notre cerveau sous forme de « schémas cognitifs inconscients ». Ils conditionnent ce que nous sommes et ce que nous pensons. Ils sont à la base de notre sentiment de bien-être ou de déprime. Les schémas cognitifs inconscients déclenchent des idées toutes faites que la psychologie cognitive appelle les pensées automatiques. Les schémas cognitifs et les pensées automatiques sont inconscients mais pas inaccessibles. On peut entraîner son cerveau à penser autrement et à trouver, face aux situations connues ou étranges, une manière plus tranquille de les aborder. Apprendre une nouvelle manière d'interpréter est la meilleure manière de résister aux petites et grandes frustrations que nous sommes condamnés à subir. Il faut commencer avec des exercices simples. Ceux qui suivent ont été testés et validés par des expériences de psychologie cognitive antidéprime.

Selon une autre explication, notre cerveau moderne ressemble à un téléphone portable. Il reçoit chaque jour sa ration de *push* plus ou moins désagréables. Nous ne pouvons pas régler notre esprit pour qu'il refuse ces *push*. Sans faire de la grande philosophie, nous n'avons pas les moyens de construire une existence sans petits désagréments. En revanche, nous pouvons apprendre à notre esprit à y résister en les interprétant comme des non-catastrophes.

Êtes-vous une Madame Zen ou un Monsieur Catastrophe ?

Imaginez la scène. Vous prenez de plein fouet un coup de déprime ou bien un de vos parents ou amis vous dit qu'il traverse un moment de doute. Il vous le raconte. Vous ne comprenez pas encore très bien la situation. Comment allez-vous réagir, en vous énervant, en étant ému(e), en essayant de comprendre ou de soigner ? Sans réfléchir, à quoi pensez-vous en premier face à ce qui vous surprend, vous intrigue ou vous agace ?

Selon votre réponse spontanée, vous allez découvrir si vous interprétez de manière positive ou négative.

Une histoire qui va mal finir ?

N'auriez-vous pas tendance à anticiper de manière inquiète ce que vous ne maîtrisez pas ? Dans le doute imaginez-vous toujours le pire ?

Un original qui vous agace ?

Fuyez-vous ce qui ne vous ressemble pas ? Avez-vous besoin de rester dans vos repères familiers ? Avez-vous peur de l'incertitude ?

Ça pourrait être moi demain ?

Adepte du « c'est comme moi », trouvez-vous des ressemblances entre les drames qu'on vous raconte et ce que vous vivez ?

J'ai envie de le comprendre ?

Faites-vous partie des raisonneurs, des penseurs, de celles et ceux qui ont besoin de réfléchir pour se rassurer, de trouver des explications, des causes aux événements les plus banals ou les plus graves ?

Il aurait dû consulter et se traiter plus tôt.
Êtes-vous un adepte de la médecine (douce ou pas), des diagnostics et des potions ?

Passez maintenant de l'interprétation négative au coup d'œil tranquille

En entraînant votre sens de l'interprétation vers le positif, vous allez accepter l'idée qu'un coup de déprime n'est ni un drame ni une maladie. C'est une émotion et un moment de la vie. Avec cet exemple, vous voyez à l'œuvre les quatre erreurs fondamentales d'interprétation qui pourraient nourrir, si vous les écoutiez trop, votre sentiment de malaise :

- le manque d'estime de soi,
- la culpabilité,
- le catastrophisme,
- la peur de l'abandon.

Les interprétations antidéprime

Le combat contre la déprime se mène en trouvant son erreur principale et en la corrigeant à chaque occasion. À toutes les interprétations déprimantes peuvent s'opposer des interprétations rassurantes.

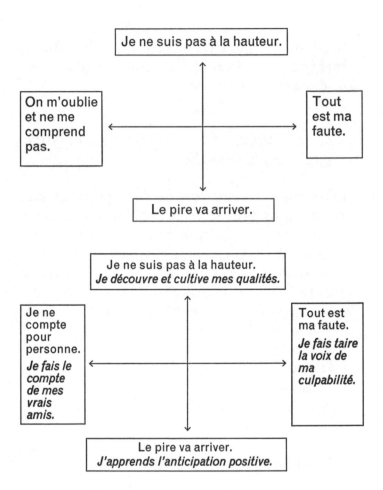

Le jeu des sept erreurs… de jugement

Voici un autre exemple des erreurs de base que l'on commet quand on déprime. Les trouver et les corriger représente une sacrée avancée vers la bonne santé. Lisez-les et voyez dans laquelle vous vous reconnaissez le plus.

1 – Je tire des conclusions hâtives.
- Un ami ne m'a pas appelé : il ne m'aime plus ou alors j'ai dû dire quelque chose qui l'a fâché.
- Je n'ai pas été convoqué à une réunion professionnelle importante : on va me mettre au placard.

2 – Je grossis mes défauts et diminue mes qualités.
- Je vois la paille chez moi plus que la poutre chez mon voisin.
- Je me trouve sans intérêt, trop timide ou trop expansif, indiscret ou trop réservé. Je ne sais pas faire rire et n'intéresse personne.

3 – Je généralise à l'excès.
- Un examen auquel j'échoue : je n'ai jamais connu que des échecs.
- Un jour de malchance : je n'ai jamais eu de chance dans ma vie.

4 – Je personnalise les problèmes.
- Si l'ambiance n'est pas bonne au travail, c'est ma faute.
- Je suis forcément responsable d'une dispute entre deux amis ou entre mes enfants.

5 – J'ai la manie des étiquettes.
– Je juge rapidement celles et ceux qui m'entourent et je ne m'épargne pas non plus.

6 – Je dois/Il faut.
– Je ne fais jamais ce que je dois.
– Il faut toujours en faire plus.

7 – Je raisonne en tout ou rien.
– Ma vie est soit complètement ratée, soit totalement réussie.

Ces sept erreurs de jugement ne s'imposent que si on ne les voit pas. Aussitôt que vous commencez à les mettre en lumière, elles perdent de leur puissance déprimante.

Les motifs de bonne humeur et de déprime

Cet autre exercice stimule votre capacité à interpréter de manière positive. Vous allez remplir deux colonnes avec deux mots en haut de chaque colonne.

Dans la colonne de gauche, vous trouvez deux situations agréables que vous décrivez en un mot : Exemples numéro 1 et numéro 2.

Dans la colonne de droite, trouvez deux situations déprimantes que vous décrivez aussi en un mot.

La première partie de l'exercice n'est pas difficile. Vous n'avez que quatre mots à trouver et à placer sur le tableau.

Laissez reposer le tableau quelques heures, le temps de l'oublier un peu. Puis munissez-vous d'un minuteur ou d'un chronomètre.

En dessous de chacune des deux situations positives et des deux négatives, vous avez trente secondes pour noter ce qui vous passe par la tête, sans réfléchir ni vous censurer.

Vous n'êtes pas limité en nombre de mots mais seulement en temps. Vous aurez terminé l'exercice après deux minutes d'écriture : une minute consacrée à deux situations pas très joyeuses et une autre à deux situations agréables. Le jeu va vous révéler la manière dont vous interprétez.

Situations de bonne humeur	Situations de déprime
Exemple n° 1 de situation de bonne humeur :	Exemple n° 1 de situation de déprime :
Exemple n° 2 de situation de bonne humeur :	Exemple n° 2 de situation de déprime :

Vous avez deux manières de comprendre ce test.
- Première analyse, la plus simple. Les mots que vous avez choisis comme exemple de situation peu réjouissante montrent ce qui vous préoccupe le plus. Ceux qui sont écrits dans les situations agréables sont les talents et les réussites dont vous êtes le plus fier.

- Il y a une deuxième manière d'interpréter le test. Ne vous intéressez plus au contenu mais au nombre de mots. Vous allez comparer le nombre de mots écrits dans les deux colonnes. Avez-vous autant d'inspiration pour décrire les situations agréables ou non ? Dans laquelle des deux colonnes y a-t-il le plus de mots ? En comparant le nombre de mots entre la gauche et la droite, vous mesurez si vous interprétez plutôt dans le sens de la bonne humeur ou du stress. Si vous refaites le jeu dans quelque temps, vous pourrez voir les progrès de votre capacité à décrire votre bonne humeur et vos qualités.

Le psychanalyste suisse Carl Gustav Jung avait inventé une expérience proche de ce tableau. Il avait proposé des mots « révélateurs » à un vieux professeur de droit. Jung choisissait des mots que le professeur devait compléter. Le psychanalyste a noté ses réactions à chacun des mots sensibles. Le professeur devait avoir des difficultés avec l'argent, car il associait à ce mot les termes « peu » et « payer ». De surcroît, il réagissait violemment. Au mot mort, il répondit par « mourir » et il resta bloqué sur l'idée. Quand Jung lui dit embrasser, le professeur répondit « beau » avec une émotion à laquelle il ne s'attendait pas. Les mots inducteurs nous surprennent toujours. Ils rappellent aux professeurs de droit les plus sérieux qu'ils ont un cœur et qu'ils ont encore envie de s'en servir.

Les hommes et les femmes sont inégaux devant la déprime

Les hommes et les femmes n'ont pas la même manière d'interpréter ce qui les trouble. Les femmes ressentent davantage leurs émotions mais ces émotions atteignent moins leur corps et leurs vaisseaux. En cas de coup de blues, leur esprit tangue. Elles s'angoissent et se sentent bousculées. Pourtant leurs hormones du stress restent plus tranquilles que celles des hommes.

Si vous montrez à des hommes et des femmes des images tristes, ils ne réagiront pas de la même manière. Les femmes se sentiront plus émues. Elles feront travailler leur esprit et leurs émotions. Les hommes éprouveront moins d'angoisse ou de déprime « intellectuelle » mais feront davantage monter leur tension artérielle et contracteront plus leurs vaisseaux. Chez les hommes, le corps, et surtout les artères, reçoit avant l'esprit les effets du stress.

Cette différence fait que l'on ne se protège pas de la même manière de ses coups de blues selon que l'on est homme ou femme.

Les hommes aiment surtout ce qui leur rend confiance dans leur corps. Ils profitent de l'exercice physique et de ce qui leur donne le sentiment de se dépasser. Ils commencent par éviter les coups de déprime avec du sport. Ce n'est qu'après qu'ils acceptent parfois de travailler sur leurs émotions. Les femmes préfèrent agir d'abord sur les émotions, sur ce qui pourrait nourrir leur tristesse, leur peur ou leurs regrets. Rien ne les empêche de trouver ensuite une manière de se sentir mieux dans leur corps.

Il y a bien sûr beaucoup d'exceptions à cette règle. Si vous êtes une femme à la recherche d'activités surtout physiques, vous allez faire mentir ce principe général. Et tant mieux. Les différences générales ne sont que des tendances, pas des lois absolues.

Une autre différence vient d'être démontrée entre le blues masculin et féminin. Les hommes ont tendance à se refermer sur eux-mêmes quand ils sont inquiets. Les femmes vont parler davantage. Elles se confient à leurs amies, leur famille, leurs collègues.

Homme ou femme, chacun progresse en allant contre sa tendance naturelle. Les hommes sortent de leurs inquiétudes en acceptant de parler d'eux, de se livrer. Bien des femmes s'éloignent de la déprime en faisant l'effort de moins confier leurs états d'âme et en cherchant plutôt des manières de changer une situation qui leur déplaît.

Se raconter pour s'aimer mieux

L'une des techniques les plus utiles de la psychanalyse est la libre association. Elle fait changer la manière dont on interprète son passé et son présent. Sigmund Freud donnait une astuce pour se décrire de manière objective, sans dramatiser son stress.

Comportez-vous comme un voyageur qui est assis près d'une fenêtre dans un train. Il explique tout ce qui se passe à son voisin qui ne voit pas le paysage. Si vous voulez que le récit soit orienté vers le meilleur de vous-même, n'oubliez aucune de vos réussites, de vos petites qualités. Ne dites pas « cela n'a rien à voir » ou « c'est insensé et ça ne mérite pas qu'on en parle ».

Je me souviens d'un chef d'entreprise qui voulait absolument avoir l'avis d'un psy (en l'occurrence moi). La question posée était un sujet auquel je ne comprenais rien. J'ai quand même accepté de l'écouter. Il hésitait à vendre l'hôtel dont il était propriétaire à Paris pour en acheter un autre à Bordeaux. Les clientèles étaient différentes, de même que le montage financier. Pendant une bonne heure, il m'a raconté son arrivée en France après des études au Portugal, le premier petit hôtel qu'il avait acheté après y être entré comme veilleur de nuit. Il a continué à me parler de sa carrière et de sa vie familiale. Ce qui m'a étonné, c'est qu'en parlant, en me racontant des histoires qu'il connaissait parfaitement, il prenait des notes. C'était comme s'il découvrait, en les partageant, les étapes de sa vie. Au bout d'une heure, je l'ai vu se détendre et sourire. Il m'a remercié très chaleureusement pour mes avis extrêmement précis. Il est reparti avec la certitude qu'il ne devait pas vendre son hôtel parisien. « Vous m'avez convaincu », m'a-t-il dit. « Et merci encore. Sans vos explications, j'aurais pu faire une grande imprudence financière. » Je n'avais rien dit. C'était lui qui avait fait tout le travail. Il s'était ouvert et en se racontant, il avait trouvé de nouvelles interprétations.

Chantez sous la pluie

Nous pouvons raconter une de nos journées ou toute notre vie comme une suite de catastrophes ou de moments agréables. Nous avons le choix entre mettre en avant le positif ou le négatif. C'est la fameuse histoire du verre à moitié plein ou à moitié vide. La pluie en vacances est un prétexte banal pour tester vos capacités à voir le bon côté des choses. Il y a ceux qui s'effondrent et se lamentent sur leur manque de chance. Il y en a d'autres qui refusent de voir la pluie comme un événement grave et qui continuent à profiter de leurs vacances. Ils sont trempés mais heureux. Ils transforment un désagrément ordinaire en une occasion à ne pas laisser passer. Ils utilisent la pluie comme un prétexte pour varier leurs activités. Après plusieurs jours de balade ou d'activité physique, ils sont contents d'avoir l'occasion de lire le roman qu'ils n'avaient jamais eu le temps d'ouvrir.

Trouver dans les petits désagréments des plaisirs est une capacité qui se travaille. On peut, pour s'entraîner à bien interpréter, faire feu de tout bois et repérer la manière dont un événement banal nous inspire ou nous abat. La prochaine fois qu'il pleuvra sur vos vacances, vous saurez que vous tenez une occasion en or d'apprendre l'interprétation positive !

Cultiver ses six meilleures croyances

Le fondateur de la psychologie cognitive est Aaron Beck. Cette école de psychologie a pour objectif de vous faire changer les pensées automatiques déprimantes. Voici, inspiré des croyances d'Aaron Beck, les bases d'une nouvelle interprétation vers la bonne humeur. Ces quelques certitudes, si vous les intégrez à votre raisonnement, vous protègent durablement, tant dans votre vie personnelle que dans le travail.

- Pour être heureux, je ne suis pas obligé de réussir tout ce que j'entreprends.
- Pour être heureux, j'ai besoin d'amis, de collègues et de proches. Je ne pourrai pas être apprécié ou accepté par tout le monde, tout le temps.

- Ma valeur personnelle ne dépend pas seulement de ce que les autres pensent de moi.
- Celles et ceux qui ne sont pas d'accord avec moi ne me détestent pas forcément.
- Si je fais une erreur dans ma vie privée ou au travail, cela ne veut pas forcément dire que je suis idiot ou nul.
- J'ai besoin de l'homme ou de la femme de ma vie et aussi de mon travail, mais je dois pouvoir aussi vivre sans lui.

Lisez et relisez ces phrases d'Aaron Beck. Vous trouverez à chaque relecture de nouveaux domaines où les appliquer.

Quelques aides de Woody Allen et d'Oscar Wilde

Ces phrases sont de bonnes réponses aux coups de déprime. Elles sont à utiliser sans modération quand on ne sait comment interpréter ses états d'âme. Ce sont mes armes préférées antimorosité.
- Ce n'est pas que j'ai peur de la mort, je veux juste ne pas être là quand ça arrivera.
- Tant que l'homme sera mortel, il ne sera jamais décontracté.
- Je ne connais pas la question, mais le sexe est définitivement la réponse.
- L'avenir est la seule chose qui m'intéresse car je compte bien y passer les prochaines années.

- Les humeurs ne durent pas. C'est leur grand charme.
- La gravité est le seul refuge des gens sans profondeur.
- Trouvez la façon d'exprimer un chagrin et il vous deviendra cher. Trouvez celle d'exprimer une joie, et vous en intensifierez l'extase.

SAVOUREZ VOS BONNES ÉMOTIONS

Heureux soient les fêlés car ils laisseront passer la lumière.

Michel Audiard

Joseph, l'un des patriarches de la Bible, est sorti de prison parce qu'il a su interpréter les rêves du Pharaon. Ce dernier voyait sept vaches grasses et sept vaches maigres. Les vaches maigres mangeaient et les vaches grasses n'en profitaient pas. Joseph a eu le courage de dire au Pharaon que les sept vaches maigres étaient les années de sécheresse et les sept vaches grasses les années de bonne récolte, grâce aux crues du Nil.

Dans le domaine des émotions, il y a aussi des vaches maigres et des vaches grasses, des périodes de blues et de bonne humeur. Mais les émotions positives ne se stockent pas. Il n'y a pas d'endroit où elles puissent se ranger en attendant des jours meilleurs. Elles s'utilisent comme des vaccins ou des antidotes contre les moments moins heureux.

Nous avons en nous le pouvoir de dévorer nos vaches maigres en trouvant et faisant mieux vivre nos vaches grasses. On entraîne son esprit à éprouver les sensations agréables. Une de mes patientes qui avait réussi à dompter ses vaches maigres me l'a dit récemment : « Je sais que je connaîtrai encore des moments de malaise. Mais je sais qu'ils ne dureront pas et que je les compenserai avec de bons moments. »

Le blues, le stress, chacun sait les reconnaître et les subir à l'occasion quand ils arrivent. Pour vivre à fond ses émotions positives, un peu d'entraînement est utile.

Un psychologue américain a trouvé les huit principales émotions antiblues :
- Curiosité
- Fierté
- Espoir
- Bonheur
- Gratitude
- Étonnement
- Motivation
- Satisfaction

Vous pouvez vous exercer à les repérer, les éprouver et vous en souvenir. Vous pouvez aussi les mettre en situation, c'est-à-dire trouver des moments où vous allez les chercher et les vivre à fond.

Écrire une lettre de colère et goûter la tranquillité

L'expérience a été inventée par Winston Churchill. Il se savait exposé à des colères terribles. Pour ne pas se fâcher avec tous ses ennemis, il ne leur disait pas ce qu'il avait à leur reprocher. Il leur écrivait une lettre de colère avec tout ce qui le mettait en rage chez eux. Il plaçait la lettre dans une enveloppe, la cachetait et la gardait sur son bureau.

Détendu, après avoir craché son venin, il s'offrait une promenade tranquille et pouvait même se payer le luxe d'aller rencontrer celui ou celle qui avait inspiré sa lettre de fureur.

Le plaisir de la maîtrise et du lâcher-prise

Vous avez deux manières de ressentir des émotions positives :
– en contrôlant complètement une action
– ou en vous laissant aller.

Vous allez commencer par rechercher un moment de plaisir dans lequel vous vous êtes laissé aller. Vous n'avez rien maîtrisé et cela vous a fait plaisir. Cherchez une autre expérience de plaisir ou vous avez tout maîtrisé. Continuez l'exercice sur vos émotions en notant dans votre tête ou sur une feuille :

- Vos trois meilleurs souvenirs de plaisir par la maîtrise.
- Vos trois meilleurs souvenirs de plaisir par le lâcher-prise.

Le travail sur le lâcher-prise et la maîtrise continue. Vous allez essayer de savoir ce que vous préférez, ce qui vous rend le plus heureux dans les principaux domaines de la vie.

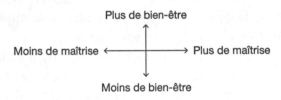

Placez sur ce tableau le travail, la sexualité, les vêtements, l'envie d'une nouvelle coiffure, l'amitié, le choix des repas, l'entretien de la maison, le sport, l'amour, les vacances, l'art, l'avenir des enfants.

Vous mettez en haut et à droite les domaines où vous prenez du plaisir à garder le contrôle, et en haut à gauche ceux pour lesquels vous aimez être surpris et vous laisser aller. Il y a encore les domaines, en bas à gauche où toute absence de maîtrise est insupportable. Vous avez aussi à placer en bas à droite ce que vous n'aimez pas maîtriser ou organiser.

Il n'y a pas de bonne ou de mauvaise réponse. L'idéal pour se sentir bien est de remplir les quatre coins du tableau. Pour le dire autrement, il est bon de ne pas avoir envie de tout maîtriser et il est ennuyeux de ne s'intéresser à rien.

Cherchez ce qui dans votre besoin de maîtrise ou de lâcher-prise peut évoluer. Le bien-être est à trouver dans un équilibre entre ces deux attitudes aussi normales et indispensables l'une que l'autre.

Une expérience sur la maîtrise

Des hommes et des femmes ont reçu une molécule expérimentale qui provoquait des coups de déprime. Certains pensaient pouvoir maîtriser la dose de molécule déprimante et d'autres pas. Ceux qui pensaient la maîtriser ont mieux résisté à l'expérience. Les résultats peuvent s'appliquer à bien d'autres domaines de la vie. Les stress que l'on croit contrôler nous accablent moins que ceux que l'on subit sans réagir.

J'ai des problèmes pour toutes vos solutions !

La blague vient de Woody Allen. En fait, la psychologie moderne vous aide à trouver des solutions aux problèmes qui paraissent insolubles. La même technique sert à résoudre les conflits en entreprise ou en famille. Il faut traiter la situation avec un peu de méthode et en cinq étapes.

1 – Définir le problème :

Vous passez d'un malaise général à une idée précise de ce qui vous gêne. Est-ce une relation avec une personne ? Un domaine de votre vie ? Un regret ? Un reproche que vous vous faites ? Si vous n'arrivez pas à préciser ce qui vous dérange, utilisez l'image de la baguette magique. Si vous aviez une baguette magique, quel changement en vous, dans l'environnement ou dans votre pensée, vous rendrait le plus heureux ?

Jouez aussi au jeu du bon génie que vous venez de libérer. Il peut satisfaire trois vœux. Lesquels allez-vous lui présenter ?

2 – Générez pour votre problème le plus de solutions possible :

Vous avez du mal à trouver une seule solution. Vous vous demandez si celle que vous avez choisie sera la bonne ou la meilleure. Du coup vous hésitez. Vous avez peur de vous tromper. Pour avancer, ne vous censurez plus. Cherchez le maximum de solutions. Vous pouvez aller jusqu'à dix solutions. Devant votre liste, vous allez classer les solutions en leur donnant trois scores :
– score d'utilité entre 0 et 10
– score de facilité entre 0 et 10
– score de réalisme entre 0 et 10

3 – Choisissez une solution :

Dans votre liste, vous avez la solution la plus facile, la plus réaliste et la plus utile. Vous êtes libre de votre choix.

4 – Évaluez les moyens nécessaires pour la solution que vous avez choisie :
Est-elle finalement réalisable ? Faut-il remonter à l'étape d'avant et chercher une autre porte de sortie ?

5 – Appliquez votre décision et testez les résultats :
Vous gardez la main et la liberté de changer d'avis. Si votre solution finit par vous sembler inutile, vous en sélectionnerez une autre. Vous êtes passé d'un malaise général, flou, à une production de réponses précises dont l'une vous sera utile.

Comment Emma a cessé de s'ennuyer

Emma me dit qu'elle a tout d'une Mme Bovary niçoise. Il ne lui manque rien pour être heureuse, avec son appartement ensoleillé, son travail, ses sorties en randonnée et sa bande d'amis. Nous appliquons ensemble la technique de résolution de problèmes.

1 – Identification du problème.
Emma se sent seule. Elle veut trouver un compagnon avec lequel vivre une relation stable.

2 – Générer des solutions.
Emma ne manque pas d'idées. Elle ne se censure pas. Elle sait qu'elle a droit à plusieurs choix :
– s'inscrire à un cinéclub,

- prendre des cours de danse,
- changer de look,
- se mettre à la course à pied,
- inviter à déjeuner son collègue de travail qui lui plaît beaucoup,
- s'inscrire sur un site de rencontres en ligne,
- partager un verre avec son voisin du dessous.

3 – Classer les solutions.
- s'inscrire sur un site de rencontres en ligne,
- inviter à déjeuner son collègue de travail qui lui plaît beaucoup,
- s'inscrire à un cinéclub,
- prendre des cours de danse,
- changer de look,
- se mettre à la course à pied,
- partager un verre avec son voisin du dessous.

4 – Choisir une solution et les moyens de l'appliquer.

Emma décide de commencer par les trois premières. Elles lui paraissent faciles et utiles.

5 – Tester les résultats.

Emma se sent moins seule depuis qu'elle a mis en action ses trois idées. Elle n'a pas encore rencontré son partenaire idéal, mais elle est sûre d'être sur la bonne voie. Maintenant, elle a envie d'appliquer la technique de résolution de problèmes aux autres sujets de sa vie professionnelle.

Un inventaire anti-intuitif de vos plaisirs et qualités

Quand nous faisons notre examen de conscience, ce qui remonte, ce sont souvent nos fautes, nos échecs, tout ce qui nourrit le mal-être. L'inventaire des situations ratées est naturel. Les bilans spontanés sont volontiers globalement négatifs. L'inventaire des réussites est *beaucoup* moins facile. Nous sommes finalement plus intimidés par le souvenir des bons moments que par celui des échecs. L'inventaire positif ne s'obtient qu'en faisant un petit effort sur soi-même. Cet effort est vite récompensé par une sensation de bien-être. Vous avez le droit de vous servir d'un carnet secret ou d'un fichier d'ordinateur auquel vous donnez un nom charmant.

Si vous manquez d'inspiration, voici quelques exemples pour lever vos blocages :
- Faites la différence entre les plaisirs minuscules et les plus grandes victoires.
- Notez ce que vous avez réussi et terminé, ce qui est en cours et vos projets motivants.
- Découpez votre vie par tranches de dix ans et trouvez la grande réussite de la décennie.
- Découpez votre existence en grands domaines : l'amour, le travail, les amis, l'art, le sport, la famille. Identifiez votre point fort et dans chaque domaine trouvez une raison d'être content de vous.

Écrivez votre journal positif

Une bonne forme de journal « antidéprime » est un journal en deux parties. Pendant les dix premières minutes vous écrivez tout ce que vous avez subi de désagréable dans la journée, le mois passé ou toute la vie. Après vos dix premières minutes de colère, de frustration, de rogne, vous changez de registre. Vous passez à la deuxième partie et vous cherchez des raisons de renforcer votre bonne humeur. Vous avez certainement votre talent, votre domaine d'excellence, au travail, en art, ou dans le sport. Et si vous croyez que vous n'en avez pas c'est que vous n'avez pas assez cherché.

Si vous préférez, vous pouvez ouvrir deux journaux différents. Dans le premier vous vous accablez et dans le deuxième vous vous flattez. À la fin, vous gardez et relisez le journal positif, bien sûr !

Tentez la gratitude comme un plaisir égoïste

Vous vous souvenez de la phrase du président John Fitzgerald Kennedy à son investiture en 1961. « Ne vous demandez pas ce que l'Amérique peut faire pour vous. Demandez-vous plutôt ce que vous pouvez faire pour l'Amérique. » En cultivant la gratitude, vous appliquez le même principe. Vous ne reprochez plus à vos amis, à votre famille, à votre travail de ne pas faire assez attention à vous.

Vous cherchez ce qu'ils ont fait de bien pour vous et quelles marques de sympathie vous devez leur envoyer. La gratitude vous fait passer d'une attitude d'attente et de reproche à une position de remerciement. Même si la culture de la gratitude vous paraît un peu artificielle, vous avez tout intérêt à essayer de la mettre en pratique. Les hommes et les femmes cyniques que j'ai convaincus de changer de relation au monde ne l'ont pas regretté. Ils se sont forcés au début puis se sont pris au jeu. Ils ont cherché et trouvé de plus en plus facilement des motifs de gratitude.

Pensez à une personne qui, à un moment de votre vie, vous a particulièrement aidé. Elle a été généreuse, vous a conseillé ou consolé. Écrivez-lui une lettre de remerciements. Racontez en détail ce que vous lui devez. Vous n'êtes pas obligé d'envoyer votre lettre. Il est plus facile d'essayer, après l'avoir écrite, de rencontrer ou d'appeler la personne qui mérite votre reconnaissance. Vous lui direz de vive voix le bien que vous pensez de lui ou d'elle.

On apprend aux enfants à écrire des mots de remerciement quand ils reçoivent un présent. On leur souffle l'idée d'offrir aux maîtres qu'ils ont aimés un cadeau de remerciement. Toutes ces expressions de gratitude augmentent le bien-être. Nous devrions en garder la pratique dans la suite de notre vie.

Une expérience a proposé à des participants d'écrire une lettre de remerciement à quelqu'un qu'ils n'avaient jamais correctement apprécié. Un autre groupe de personnes a reçu une autre consigne. Ils étaient seulement invités à se souvenir de leur enfance.

Le groupe qui a exprimé sa gratitude était plus gai une semaine plus tard.

Écrivez un IOY

La lettre de gratitude est aussi un bel exercice de couple. Il s'appelle IOY I Owe You (ce que je vous dois). Notez sur un papier les trois plus belles choses que vous devez à celui ou celle qui partage votre vie. Écrivez-les de votre meilleure écriture et trouvez une enveloppe digne de l'occasion. Vous pourrez offrir cette enveloppe, avec un rien de cérémonie, à l'occasion d'un dîner ou d'un rendez-vous intime avec votre amoureux ou votre amoureuse. N'oubliez pas, avant d'offrir votre lettre, de couper la sonnerie de votre portable. Il serait dommage d'être interrompu dans un moment pareil !

Même chez les vieux mariés, l'exercice est utile. Des couples, en ménage depuis vingt et un ans, ont vu leurs sentiments se réchauffer lorsqu'ils travaillaient la gratitude. Savoir l'exprimer ou apprendre à le faire, c'est aussi diminuer son risque d'agressivité et de reproches. Après avoir offert une lettre de gratitude, on a moins envie ou besoin de se fâcher.

La gratitude gratuite est encore meilleure

La meilleure des gratitudes n'a pas besoin de motifs exceptionnels pour s'exprimer. Celui qui sait remercier les autres le fait pour leur présence et apprécie la vie pour ses petites expériences de bonheur. Un simple café, un rayon de soleil, un moment de détente ou de musique sont de bonnes raisons d'éprouver de la gratitude. Vous vous demandez comment réussir les exercices de méditation qui vous paraissent un peu difficiles ? Concentrez-vous sur la gratitude et le reste suivra.

Les étudiants aptes à la reconnaissance se sentent moins seuls, moins déprimés et font moins d'accès de colère. Ils aident plus leurs condisciples, sont plus heureux et ont de meilleurs résultats scolaires, de même qu'une vie professionnelle plus facile. Ils sont plus connectés aux autres et ont plus d'amis.

La distance n'est pas grande entre gratitude et spiritualité. Toutes les spiritualités et religions apprennent à remercier, le destin, la nature ou le Créateur du monde. Les moins religieux se sentent entourés de bons génies qui leur font plaisir et les protègent. Ils ne prient pas mais acceptent de reconnaître leurs protecteurs et leurs moments de plaisir.

Quelle est votre forme de gratitude ?

Vous pouvez travailler vos deux formes de gratitude, celle qui est spontanée ou généralisée et celle qui vient en réponse aux bonnes actions dont vous avez profité. Comme des compétences spécifiques, vous repérez et entraînez l'une à la suite de l'autre. Vous allez découvrir celle qui vous est la plus naturelle.

Posez-vous cette question pour connaître votre type principal de capacité à remercier : êtes-vous plus reconnaissant vis-à-vis du voisin qui a réparé votre ordinateur ou devant la beauté de la nature ?

La gratitude la plus utile à la bonne humeur est celle qui est désintéressée. Mais la gratitude en réaction peut être un premier pas pour s'entraîner. Il est plus facile de commencer à dire merci à ses amis, à sa famille ou à son voisin avant d'apprendre à remercier la vie, le monde ou la nature.

Cultiver les amis de votre bonne humeur

Un homme seul est toujours en mauvaise compagnie… et souvent de mauvaise humeur. Les amis, les vrais, sont des catalyseurs de bonne humeur, à la condition tout de même de savoir les choisir. Ils ne doivent pas rechercher l'emprise ou la maîtrise sur vous. Les bons amis ne vous imposent pas de certitudes et en particulier pas sur vous. Ils font partie de votre vie. Vos bons amis ne sont ni jaloux ni terrorisés par l'abandon. Ils ne prennent pas le rôle de directeur de conscience. Le poète Christian Bobin dit du bon ami : « Vous reconnaissez vos amis à ce qu'ils ne vous empêchent pas d'être seul, à ce qu'ils éclairent votre solitude sans l'interrompre. »

Les bons et mauvais amis	
Les bons amis	**Les faux amis**
• Ils ne révèlent pas toutes leurs qualités d'emblée.	• Ils offrent tout au début et déçoivent après.
• Ils accordent leurs désirs à vos désirs.	• Ils imposent sans le dire leurs propres désirs.
• Ils ne recherchent pas l'emprise en se rendant indispensables.	• Ils sont prévenants pour vous rendre dépendants.
• Ils tolèrent une absence, un refus, un jour sans nouvelles.	• Ils sont tyranniques, jaloux ou dépendants.
• Ils demandent des efforts intellectuels qui vous font progresser.	• Ils incitent à la facilité et à la paresse intellectuelle.
• Ils stimulent le goût de la nouveauté.	• Ils obligent à la répétition.
• Ils demandent des efforts physiques qui finissent par faire du bien.	• Ils commencent par faire du bien, puis sont toxiques.

• Ils communiquent clairement leurs intentions et opinions.	• Ils mystifient, intriguent et mentent à l'occasion.
• Ils vous rendent heureux.	• Ils vous demandent si vous êtes vraiment heureux.

Évitez les résumés rapides et les questions inutiles

Quand un coup de blues vous tombe dessus, analysez tout ce qui vous arrive. Certes vous avez des torts mais ils sont partagés. Un ami ou un collègue s'est fâché contre vous. Vous l'avez sans doute un peu cherché mais il y a mis du sien aussi. Ne vous donnez pas seulement le mauvais rôle.

Il ne sert à rien de se demander face à un échec : « Qu'est-ce que cela révèle de ma nature ? », « Qu'est-ce que cela veut dire pour le futur ? ». Vous n'en savez rien et toutes les fausses réponses que vous allez donner vont vous installer dans une rumination stérile. Passez plutôt à l'étape suivante.

« Dégénéraliser »

Notre cerveau et notre esprit sont programmés pour la généralisation. Cette technique est à la base de l'éducation et de la progression des espèces. Les animaux se débrouillent dans la vie grâce à cela.

Un oiseau qui s'aperçoit que les cerises ou les baies trouvées dans un arbre lui font du bien et sont riches en énergie va utiliser cette information la prochaine fois qu'il va se nourrir. Même dans un lieu différent, il se servira de sa précédente expérience et cherchera des baies sur des arbres ressemblant aux précédents.

Il a été important pour vous d'apprendre ce qui est dangereux et de généraliser des peurs raisonnables. Vous avez compris une première fois que les ravins sont dangereux et chaque fois que vous y êtes confronté, vous vous remémorez cette connaissance. Ce n'est pas parce que vous avez fait votre apprentissage de la vie en généralisant que la généralisation est bonne pour votre santé.

Aujourd'hui, nous sommes plutôt gênés par cette tendance. L'une des origines de la déprime vient de l'envie de tirer des conséquences définitives d'un événement anodin.

Nous pouvons apprendre à résister à ce réflexe quand il nous rend malheureux. Des étudiants de l'université de Louvain en Belgique ont été exposés à des triangles jaunes. Chaque fois qu'ils voyaient un triangle jaune, ils recevaient un petit choc électrique. Les étudiants ont conclu que les triangles jaunes étaient dangereux pour eux. Il suffisait de leur montrer un nouveau triangle jaune pour qu'ils aient peur. La suite de l'expérience est optimiste. La généralisation n'est pas chez eux une fatalité.

On peut la faire évoluer. À un premier groupe d'étudiants, on a expliqué que c'étaient les triangles qui étaient dangereux et au deuxième groupe que c'était la couleur jaune. Ceux qui avaient été informés du danger de la couleur avaient peur à chaque couleur jaune. Ceux qui croyaient au danger des triangles ne déclenchaient d'angoisse que devant des triangles. Ces résultats sont très encourageants. On peut faire évoluer ses croyances et « dégénéraliser » en repérant ce qui est vraiment dangereux et ce qui ne l'est pas.

Vous avez en vous le pouvoir, comme les étudiants de Louvain, de contrer ou de faire évoluer cette tendance. Les chercheurs belges, après avoir conditionné leurs étudiants, ont mis au point des expériences de déconditionnement.

Trouvez des exemples allant contre la loi générale.

Il y a bien des soucis qui n'ont pas été suivis d'autres soucis. Vous avez traversé des moments difficiles qui se sont mieux terminés que vous ne le pensiez.

Mettez au défi la loi générale.

Vous avez un coup de blues chaque soir ou quand il y a de l'orage. Affrontez cette fatalité en vous y préparant. Cherchez toutes les distractions possibles. Concentrez-vous sur une expérience agréable. Offrez-vous un aliment qui vous plaît ou un morceau de musique. Vous allez faire mentir la loi générale en passant une soirée ou un orage sans coup de cafard. Vous entrez dans une logique de déconditionnement.

Faites la différence entre réflexion et superstition.

Avez-vous un comportement de protection face à un vrai danger ou est-ce une incantation, une magie sans base raisonnable ?

La terrible histoire de Little Albert

Le psychologue comportementaliste John Watson avait créé chez un enfant appelé Little Albert une peur des rats blancs. Son expérience était particulièrement cruelle. Chaque fois qu'il présentait au Petit Albert un rat blanc, il lui faisait entendre un bruit très violent en tapant avec un marteau sur une barre de fer. L'enfant, après quelques présentations d'un rat blanc accompagnées d'un grand bruit assourdissant, a eu peur des rats. La réaction de peur de Little Albert s'est généralisée. Il avait peur de presque toutes les espèces d'animaux. L'histoire ne dit pas comment John Watson a ensuite « traité » ou guéri sa petite victime.

Préférez Montaigne à Cioran

Mes patients se demandent pourquoi je m'intéresse tant à leurs lectures. Je suis persuadé que ce qu'on lit influe sur nos croyances et sur la tonalité de nos émotions. Lire des auteurs déprimants n'est pas bon pour la santé, même si le cynisme est écrit de manière brillante.

Le plus connu des avocats de la déprime est Émile Cioran. Les idéologies qui lui ont le plus plu étaient plus malades ou maladives les unes que les autres. Ce fut dans sa jeunesse le nationalisme roumain, l'antisémitisme avec un passage proche de l'idéologie nazie et un mouvement appelé la garde de fer... Tout un programme. Quelques phrases se passent de commentaire :

- « La seule fonction de ma mémoire : m'aider à regretter. »
- « Ce n'est pas la peine de se tuer, puisqu'on se tue toujours trop tard. »
- « Si l'on pouvait se voir avec les yeux des autres, on disparaîtrait sur-le-champ. »
- « Vivre, c'est perdre du terrain. »

Michel de Montaigne est une bonne arme de résistance à Cioran et aux amateurs de déprime au long cours. « Je suis des plus exempts de ce sentiment [tristesse] et je ne l'aime pas ni ne l'estime. » Montaigne se moque de ceux qui croient que l'on ne peut être sage ou vertueux que si l'on est triste. Il aime le mot italien *tristezza*, qui veut dire à la fois chagrin et méchanceté. « La tristesse est une manière [de penser] toujours nuisible, toujours folle. »

Trouvez votre mantra personnel de bonne humeur

Les religions occidentales appellent incantations les phrases que l'on se répète face aux menaces ou dans les moments de doute. Ce sont des prières et des manières de se rassurer. Les religions orientales font dire à leurs adeptes des *mantras* – le mot veut dire « pensée » en sanscrit. Plus simplement, quelques idées peuvent tourner en boucle dans votre esprit et vous faire du bien :

La raison contre la déprime :
Vous n'êtes pas malade, vous vous trompez sur vous-même. Vous n'avez pas assez mis en pratique votre style de vie antidéprime.

Puis la mise à distance des faux amis :
Vous n'avez rien de faible en vous, vous êtes seulement affaibli par des habitudes, des toxiques ou des amis démoralisants.

Enfin, l'attaque du regret :
Vous n'avez rien... ou presque à vous reprocher et rien à regretter.
Vous n'êtes pas le seul ou la seule responsable.

Bien vivre avec vos états d'âme

Quand je suis déprimé, les raisons pour lesquelles je le suis sont profondes, essentielles, fondamentales. Il m'arrive d'être heureux bien sûr. Mais les raisons pour lesquelles je suis heureux sont si futiles, si ténues que ça me déprime.

Sempé

J'aime le jeu, l'amour, les livres, la musique,
La ville et la campagne, enfin tout.
Il n'est rien qui ne me soit souverain bien,
Jusqu'au sombre plaisir d'un cœur mélancolique.

Jean de La Fontaine

La déprime, quand elle vous menace ou vous tombe dessus, veut vous convaincre que vous manquez de talent. Les expériences et explications que nous venons de voir vous ont sans doute convaincu du contraire. Les émotions négatives sont aussi normales que les émotions positives. Les unes comme les autres passeront. Vous avez maintenant toutes les cartes nécessaires pour tenir les coups de cafard en respect et pour ne pas les laisser durer. Vous avez le droit d'être préventif face à eux en les empêchant de vous envahir. Sitôt qu'ils vous laissent un peu d'esprit libre, vous n'avez plus qu'à construire un style de vie le plus riche possible en émotions positives.

Vous maîtrisez tous les instruments pour protéger vous-même votre santé et même votre bonheur. C'est à vous de jouer.

Votre bonne humeur s'entretient et progressera au jour le jour. Vous allez découvrir que vous êtes de plus en plus à l'écoute de vos sensations et de vos expériences agréables.

Les baisses de moral ne disparaîtront pas complètement de votre vie. Elles sont, rappelez-vous, la preuve que vous êtes normal(e) et humain(e). Elles vont cependant perdre de leur puissance. Vous savez, grâce aux principes de la guérison raisonnable, qu'ils ne sont pas des indices de faiblesse ou de maladie. Ils ne résisteront pas au régime de bonne humeur que vous allez leur faire subir, sans toxique, ni idées fausses. Ils céderont face à l'exercice physique, à la connaissance de vous-même, à la relaxation et à un talent que vous développez de méditation gaie et de concentration sur l'instant présent.

Une vie réussie n'est pas une vie sans larmes ni états d'âme, mais une vie dont les larmes, quand elles viennent, ont un goût moins amer. Il faut conserver ses larmes, ne pas en avoir peur et surtout ne pas en faire un symptôme, un indice de faiblesse ou l'annonce d'une maladie. Une amie m'a bien raconté comment ses larmes ont changé de goût. J'en ai toujours quelques-unes qui viennent, me dit-elle. Mais je sais qu'elles vont passer et j'ai appris à me distraire en attendant qu'elles sèchent.

En cultivant votre bonne santé, vous allez concilier la sagesse classique (un esprit sain dans un corps sain) et les avis de la médecine la plus moderne, presque encore expérimentale. L'humeur, bonne ou mauvaise, et les émotions sont le dernier continent inconnu. Les États-Unis ont annoncé que le siècle qui commence sera le siècle de la psychologie, du comportement. Nous allons peut-être comprendre enfin les liens entre les neurones, la biologie et la pensée. C'est la nouvelle frontière que vise aujourd'hui la science en nous aidant non seulement à vivre plus longtemps mais à vivre avec plus de plaisir et de sourire. Ses premiers résultats s'appliquent à votre quotidien.

Ne les utilisez pas comme une règle contraignante mais comme une source d'inspiration à partir de laquelle vous allez improviser, à la manière d'un musicien de jazz.

Ces expériences pratiquées régulièrement vont forcément agir sur votre santé. Elles changeront le regard que vous portez sur vous-même et sur celles et ceux qui vous entourent. Vous continuerez à vous entraîner, à ne plus penser en tout ou rien, à accepter qu'à une situation complexe plusieurs réponses peuvent être données. Il n'y a pas de souci qui ne s'allège devant l'humour, le sourire, le rire même un peu forcé.

Le bien portant caché en vous n'a pas fini de vous surprendre. Regardez-le vivre, aimer, rencontrer des amis, travailler et connaître de grandes passions.

Remerciements

Pour leur soutien, leur exemple présent et de toujours, leurs conseils, leurs encouragements et leur confiance, leur amitié :
Le Doyen Gérard Friedlander
Le Doyen Philippe Ruszniewski
Les Professeurs Jean Adès, Henri Lôo et Jean-Pierre Olié

Jean-Claude Saada

Laurent Laffont
Karina Hocine
Caroline Laurent

Pour Muriel Hees qui a porté et accompagné chaque étape du livre.

Pour Sylvie Dauverné, pour sa vigilance tranquille et souriante dans la préparation du texte.

BIBLIOGRAPHIE

Quelques livres de référence
pour la bonne humeur et contre la déprime :
Christophe ANDRÉ, *Méditer jour après jour. 25 leçons pour vivre en pleine conscience*, L'Iconoclaste, 2011.

Christophe ANDRÉ, *Petit manuel pour vivre en pleine conscience*, L'Iconoclaste, 2015.

Daniel GOLEMAN, *L'Intelligence émotionnelle. Analyser et contrôler ses sentiments, ses émotions et ceux des autres*, J'ai lu, 2014.

Jean-Pierre OLIÉ, *Guérir de ses souffrances psychiques*, Odile Jacob, 2009.

Frédéric SALDMANN, *Le meilleur médicament c'est vous*, Albin Michel, 2013.

Frédéric SALDMANN, *Prenez votre santé en main*, Albin Michel, 2015.

Irvin YALOM, *L'Art de la thérapie*, Galaade, 2013.

Autres livres utiles en français :

Aharon APPELFED, *Les Partisans*, Éditions de l'Olivier, 2015.

Pascal BRUCKNER, *La Tyrannie de la repentance. Essai sur le masochisme occidental*, Grasset, 2006.

Albert CAMUS, *Le Mythe de Sisyphe*, Gallimard, réédition 1985.

Charly CUNGI, Ivan-Druon Note, *Faire face à la dépression*, Retz, 2004.

Carl Gustav JUNG, *L'Homme à la découverte de son âme*, Petite Bibliothèque Payot, réédition 1969.

Carl Gustav JUNG, *Dialectique du Moi et de l'Inconscient*, Gallimard, « Idées », 1973.

Daniel KAHNEMAN, *Système 1 / Système 2 : les deux vitesses de la pensée*, Flammarion, « Essais », 2012.

Michel Lejoyeux, *Abrégé d'addictologie*, Masson, 2ᵉ édition, 2013.

Christine MIRABEL-SARRON, Aurélie Docteur, *Apprendre à soigner les dépressions avec les thérapies comportementales et cognitives*, Dunod, 2013.

Friedrich NIETZSCHE, *Le Gai Savoir*, Flammarion, réédition Poche 2007.

Jules RENARD, *Journal 1887-1910*, Actes Sud, réédition 2004.

Paul WATZLAWICK, *Faites vous-même votre malheur*, Le Seuil, 1984.

Publications scientifiques nationales et internationales :

Henri-Jean AUBIN, Hans ROLLEMA, Torgny H. SVENSSON, Georg WINTERER. Smoking, quitting, and psychiatric disease : a review. Neuroscience and Biobehavioral Reviews 36 (2012) 271-284

Zarrin BANIKAZEMI, Naghmeh MOKHBER, Mohammad SAFARIAN, Mohsen MAZIDI. Dietary vitamin E and fat intake are related to Beck's depression score. Clinical Nutrition ESPEN 10 (2015) e61-e65.

Nicole BARBARO, Scott M. PICKETT. Mindfully green : examining the effect of connectedness to nature on the relationship between mindfulness and engagement in pro-environmental behavior. Personality and individual differences. (2016). Sous presse.

Aaron BECK, John RUSH, Brian SHAW, Gary EMERY. Cognitive Therapy of Depression. Guilford Press. New York. 1987.

Roland G. BENOIT, Michael C. ANDERSON. Opposing Mechanisms Support the Voluntary Forgetting of Unwanted Memories. Neuron (2012) 76 (2) doi : 10.10.16/j.neuron.2012.07.025.

Emma L. BIRD, Emma HALLIWELL, Philippa C. DIEDRICHS, Diana HARCOURT. Happy being me in the UK : a controlled evaluation of a school-based body image intervention with pre-adolescent children. Body Image 10 (2013) 326-334.

M. BOYKO, R. KUTZ, J. GRINSHPUN, V. ZVENIGORODSKY, S.E. GRUENBAUM, B.F. GRUENBAUM, E. BROTFAIN, Y. SHAPIRA, A. ZLOTNIK. Establishment of an animal model of depression contagion. Behavioral Brain Research. 2015 Mar 15 ;281:358-63. doi : 10.1016/j. bbr.2014.12.017. Epub 2014 Dec 15.

Serge BRAND, Matthias LUETHI, Anina von PLANTA, Martin HATZINGER, Edith HOLSBOER-TRACHSLER. Romantic love, hypomania and sleep pattern in adolescents. Journal of Adolescent Health 41 (2007) 69-76.

Stephen BRIERS. Brilliant Cognitive Behavioural Therapy. Pearson Editions, 2012 – Edinburgh Gate.

Janet BRYAN, Michelle TUCKEY, Suzanne J.L. EINÖTHER, Ursula GARCZAREK, Adam GARRICK, Eveline A. De BRUIN. Relationships between tea and other beverage consumption to work performance and mood. Appetite, 58 (2012) 339–346.

Laura J. CACCAVALE, Tilda FARHAT, Ronald J. IANNOTTI. Social engagement in adolescence moderates the association between weight status and body image. Body Image 9 (2012) 221-226.

Turhan CANLI. Reconceptualizing major depressive disorder as an infectious disease Biology of Mood and Anxiety Disorders (2014), 4:10 doi :10.1186/2045-5380-4-10.

Charles S. CARVER, Michael F. SCHEIER. The experience of emotions during goal pursuit. In International Handbook of Emotions in Education, édité par Reinhard Pekrun, Lisa Linnenbrink-Garcia, (2014) 56-72. Routledge Editions.

Sergio CASTILLO-PEREZ, Virginia GOMEZ-PEREZ, Minerva Calvillo VELASCO, Eduardo PEREZ-CAMPOS, Miguel-Angel MAYORAL. Effects of music therapy on depression compared with psychotherapy. The Arts in Psychotherapy 37 (2010) 387-390.

Chueh CHANG, Grace TSAI, Chia-Jung HSIEH. Psychological, immunological and physiological effects of a Laughing Qigong Program (LQP) on adolescents. Complementary Therapies in Medicine (2013) 21, 660-668.

Kevin CHASSANGRE. Le Phénomène de l'imposteur, la peur qui mine la réussite Journal de thérapie comportementale et cognitive (2014) 24, 32—38

Sloane CROSLEY. Why women apologize and should stop. The New York Times. 23 juin 2015.

Geoffrey R. O. Durso, Andrew Luttrell, Baldwin M. Way. Acetaminophen Blunts evaluation sensitivity to both negative and positive stimuli. Psychological Science April 10, (2015) 0956797615570366.

Jonathan M. Fawcett, Roland G. Benoit, Pierre Gagnepain, Amna Salman, Savani Bartholdy, Caroline Bradley, Daniel K.Y. Chan, Ayesha Roche, Chris R. Brewin, Michael C. Anderson. The origins of repetitive thought in rumination : separating cognitive style from deficits in inhibitory control over memory. Journal of Behavior Therapy and Experimental Psychiatry 47 (2015) 1-8.

Sarah W. Feldstein Ewing, Ashok Sakhardande, Sarah-Jayne Blakemore. The effect of alcohol consumption on the adolescent brain : a systematic review of MRI and fMRI studies of alcohol-using youth. Neuroimage : Clinical. 2016. Sous presse.

Gillian L. Fell, Kathleen C. Robinson, Jianren Mao, Clifford J. Woolf, David E. Fisher. Skin-ß-endorphin mediates addiction to UV light. Cell 157, June 19, (2014) 1527-1534.

Sandor Ferenczi. Les Névroses du dimanche, Revue internationale pour la psychanalyse (1919).

Léon Festinger, Hank Riecken, Stanley Schachter. L'Échec d'une prophétie. Presses Universitaires de France – PUF, 1993.

Eric Finzi, Norman E. Rosenthal. Treatment of depression with botulinum toxin A : A randomized, double-blind, placebo controlled trial. Journal of Psychiatric Research 52 (2014) 1-6.

Amy L. Gonzales. Text-based communication influence self-esteem more than face-to-face or cell phone communication. Computers in Human Behavior 39 (2014) 197-203.

Nils HADZISELIMOVIC, Vanja VUKOJEVIC, Fabian PETER, Annette MILNIK, Matthias FASTENRATH, Bank Gabor FENYVES, Petra HIEBER, Philippe DEMOUGIN, Christian VOGLER, Dominique J.-F. DE QUERVAIN, Andreas PAPAS-SOTIROPOULOS. Forgetting Is Regulated via Musashi-Mediated Translational Control of the Arp2/3 Complex. Cell Volume 156, Issue 6, 13 March 2014,1153–1166.

Dirk HERMANS, Frank BAEYENS, Bram VERVLIET, Generalization of acquired emotional responses In Handbook of cognition and emotion. Édité par Michael D. Robinson, Edward R. Watkins, Eddie Harmon-Jones, Guilford Press, 2013.

Matthew R. HILIMIRE, Jordan E. DEVYLDER, Catherine A. FORESTELL. Fermented foods, neuroticism, and social anxiety : An interaction model. Psychiatry Research. Volume 228, Issue 2, 15 August 2015, Pages 203–208.

Louise HOULCROFT, Miles BORE, Don MUNRO. Three faces of narcissism. Personality and individual differences 53 (2012) 274-278.

Laura L. HURLEY, Luli AKINFIRESOYE, Evaristus NWULIA, Atsushi KAMIYA, Amol A. KULKARNI, Yousef TIZABI. Antidepressant-like effects of curcumin in WKY rat model of depression is associated with an increase in hippocampal BDNF. Behavioural Brain Research 239 (2013) 27-30.

Matthew HUTSON : In defense of superstition. New York Times 8 avril 2012.

Kim JUNG-HYUN, Seo MIHYE, David PRABU. Alleviating depression only to become problematic mobile phone users : can face-to-face communication be the antidote ? Computers in Human Behavior 51 (2015) 440-447.

Todd B. KASHDAN, Jessica YARBRO, Patrick E. McKNIGHT, John B. NEZLEK. Laughter with someone else to future social rewards : temporal change using experience sampling methodology. Personality and Individual Differences 58 (2014) 15-19.

Arno KERLING, Uwe TEGTBUR, Elke GÜTZLAFF, Momme KÜCK, Luise BORCHERT, Zeynep ATES, Anne von BOHLEN, Helge FRIELING, Katja HÜPER, Dagmar HARTUNG, Ulrich SCHWEIGER, Kai G. KAHL. Effects of adjunctive exercise on physiological and psychological parameters in depression : a randomized pilot trial. Journal of Affective Disorders 177 (2015) 1-6.

David CR KERR, David T. ZAVA, Walter T. PIPER, Sarina R. SATURN, Balz FREI, Adrian F. GOMBART. Association between vitamin D levels and depressive symptoms in healthy young adult women. Psychiatry Research 227 (2015) 46-51.

Leslie D. KIRBY, Michele M. TUGADE, Jannay MORROW, Anthony H. AHRENS, Craig SMITH. Vive la différence. The ability to differentiate positive emotional expe rience and well-being in handbook of cognition and emotion. Édité par Michael D. Robinson, Edward R. Watkins, Eddie Harmon-Jones, Guilford Press, 2013.

Christopher A. KURBY, Joseph P. MAGLIANO, David N. RAPP. Those voices in your head : activation of auditory images during reading. Cognition 112 (2009) 457-461.

Camille LEFRANÇOIS, Aurélie VAN DIJK, Farid EL MASSIOUI, Zoé GALMICHE, Jacques FRADIN. Deux cas de TOC traités par thérapie comportementale du Positionnement Grégaire. Journal de Thérapie Comportementale et Cognitive (2013) 23, 113-123.

Michel LEJOYEUX : Impact social et psychologique des jeux d'argent en ligne chez les jeunes adultes Bulletin de l'Académie Nationale de Médecine, 2012, 196, no 1, 27-36, séance du 10 janvier 2012.

Michel LEJOYEUX, Simone GUILLERMET, Enrique CASA-LINO, Valérié LEQUEN, Florence CHALVIN, Aymeric PETIT, Véronique LE GOANVIC. Nicotine dependence among patients examined in emergency after a suicide attempt. Journal of Addiction Research and Therapy (2014) 5 : 168. doi : 10.4172/2155-6105.1000168.

Pierre LEMARQUIS. Sérénade pour un cerveau musicien. Éditions Odile Jacob. 2009.

David LEVINE. Holding a mirror to their natures. Looking at twin personality through Look-alikes. New York Times. 25 août 2014.

Yanfeng LI, Qi DAI, Linda I. EKPERI, Ahmed DEHAL, Jian ZHANG. Fish consumption and severely depressed mood, findings from the first national nutrition follow-up study. Psychiatry Research 190 (2011) 103-109.

Sarah E. LINKE, Thomas RUTLEDGE, Mark G. MYERS. Intermittent exercise in response to cigarette craving in the context of an Internet-based smoking cessation program. Mental Health and Physical Activity 5 (2012) 85-92.

Shane J LOPEZ. Making Hope Happen. Create the future you want for yourself and others. Atria Books. 2014.

Paul D. LOPRINZI, Skyla M. HEROD, Bradley J. CARDINAL, Timothy D. NOAKES. Physical activity and the brain : A review of this dynamic, bi-directional relationship. brain research 1539 (2013) 95-104.

Wendy J. LYNCH, Alexis B. PETERSON, Victoria SANCHEZ, Jean ABEL, Mark A. SMITH. Exercise as a novel treatment for drug addiction : a neurobiological and stage-dependent hypothesis. Neuroscience and Biobehavioral Reviews 37 (2013) 1622-1644.

Simon MCCARTHY-JONES, Charles FERNYHOUGH. The varieties of inner speech : links between quality of inner speech and psychopathological variables in a sample of young adults. Consciousness and Cognition 20 (2011) 1586-1593.

Anthony R. MAWSON, Xueyuan WANG. Breastfeeding, retinoïds and postpartum depression : a new theory. Journal of Affective Disorders 150 (2013) 1129-1135.

Emeran A. MAYER, Rob KNIGHT, Sarkis K. MAZMANIAN, John F. CRYAN, Kirsten TILLISCH. Gut microbes and the brain : paradigm shift in neuroscience. Journal of Neurosciences. Nov 12 ;34(46): (2014)15490-6. doi : 10.1523/jneurosci.3299-14.2014.

Johannes MICHALAK, Katharina ROHDE, Nikolaus F. TROJE. How we walk affects what we remember : gait modifications through biofeedback change negative affective memory bias. Journal of Behavior Therapy and Experimental Psychiatry 46 (2015) 121-125.

Takako MIKI, Takeshi KOCHI, Masafumi EGUCH. Dietary intake of minerals in relation to depressive symptoms in Japanese employees : The Furukawa Nutrition and Health Study. Nutrition 31 (2015) 686-690.

Megan A. MORENO, Lauren A. JELENCHICK, David J. BRELAND. Exploring depression and problematic Internet use among college females : a multisite study. Computers in Human Behavior 49 (2015) 601-607.

Judith TEDIE Moskowitz Laura R. SASLOW – Health and Psychology. The importance of positive affect in handbook of positive emotions, édité par Michele M. Tugade, Michelle N. Shiota, Leslie D. Kirby, Guilford Publications, 2014.

Christian P. MÜLLER, Judith R. HOMBERG. The role of serotonin in drug use and addiction. Behavioural Brain Research 277 (2015) 146-192.

Trond NORDFJÆRN. A population-based cohort study of anxiety, depression and alcohol outcomes among benzodiazepine and z-hypnotic users. Addictive Behaviors 37 (2012) 1151-1157.

Gabriel NOWAK. Zinc, future mono/adjunctive therapy for depression : mechanisms of antidepressant action. Pharmacological Reports 67 (2015) 659-662.

Adrienne O'NEIL, Michael BERK, Kamalesh VENUGO-PAL, Sung-Wan KIM, Lana J. WILLIAMS, Felice N. JACKA. The association between poor dental health and depression : findings from a large-scale, population-based study (the NHANES study). General Hospital Psychiatry 36 (2014) 266-270.

Kenji OBAYASHI, Keigo SAEKI, Junko IWAMOTO, Toshito IKADA, Norio KARUMATANI. Exposure to light at night and risk of depression in the elderly. Journal of Affective Disorders 151 (2013) 331-336.

Hadas OKON-SINGER, Talma HENDLER, Luiz PESSOA, and Alexander J. SHACKMAN. The Neurobiology of Emotion-Cognition Interactions : Fundamental Questions and Strategies for Future Research. Frontiers in Human Neurosciences, January 2015.

Michaël J. OWREN, R. Toby AMOSS – Spontaneous Human Laughter in handbook of cognition and emotion. Édité *par* Michael D. Robinson, Edward R. Watkins, Eddie Harmon-Jones, Guilford Press, 2013.

Martha E. PAYNE, Susan E. STECK, Rebecca R. GEORGE, David C. STEFFENS. Fruit, vegetable, and antioxidant intakes are lower in older adults with depression. Journal of the Academy of Nutrition and Dietetics. December 2012 Volume 112 Number 12.

Andrea REINECKE, Jürgen HOYER, Mike RINCK, Eni S. BECKER. Cognitive-behavioural therapy reduces unwanted thought intrusions in generalized anxiety disorder. Journal of Behavior Therapy and Experimental Psychiatry 44 (2013) 1-6.

Stephanie ROSENBLOOM. The art of slowing down in a museum. The New York Times. 9 octobre 2014.

Elvira SALAZAR-LOPEZ, Emilio GOMEZ-MILAN. The mental and subjective skin : emotion, empathy, feelings and thermography. Consciousness and Cognition 34 (2015) 149-162.

Robert M. SAPOLSKY. Why zebras don't get ulceres. A guide to stress, stress-related diseases and coping. 3ᵉ édition. W.H. Freeman editions, 2004.

Frédéric SEDEL. Olivier LYON-CAEN. Le cerveau pour les nuls. Éditions First. 2010.

Nancy SEGAL. Born Together – Reared Apart. The Landmark Minnesota Twin Study Harvard University Press, 2012.

Leah SHARMAN, Genevieve DINGLE. Extreme metal music and anger processing. Frontiers in Human Neurosciences. (2015) 9 :272. doi : 10.3389/ fnhum.2015.00272.

Mitsuru SHIMIZU, Brett W. PELHAM. Liking for positive words and icons moderates the association between implicit and explicit self-esteem. Journal of Experimental Social Psychology 47 (2011) 994-999.

Walter SWARDFAGER, Nathan HERRMANN, Roger S. McINTYRE, Graham MAZEREEUW, Kyle GOLDBERGER, Danielle S. CHA, Yael SCHWARTZ, Krista L. LANCTÔT. Potential roles of zinc in the pathophysiology and treatment of major depressive disorder Neuroscience and Biobehavioral Reviews 37 (2013) 911-929.

Mark S. TAYLOR, Benedict W. WHEELER, Mathew P. WHITE, Theodoros ECONOMOU, Nicholas J. OSBORNE.

Research note : urban street tree density and antidepressant prescription rates – a cross-sectional study in London, UK. Landscape and Urban Planning 136 (2015) 174-179.

Mattie Tops, Sander L. Koole, Hans Ijzerman, Femke T.A. Buisman-Pijlman. Why social attachment and oxytocin protect against addiction and stress : insights from the dynamics between ventral and dorsal corticostriatal systems. Pharmacology, Biochemistry and Behavior 119 (2014) 39-48.

J. Tracy, R. Robin Personality processes and individual differences. The psychological structure of pride. À tale of two facets. Journal of Personality and social Psychology, 2007, vol 92 506-525.

Jack Trimpey. Rational Recovery : The New Cure for Substance Addiction. Gallery Books, 1996.

Jens Van Lier, Bram Vervliet, Yannick Boddez, Filip Raes. « Why is everyone always angry with me ? » : when thinking « why » leads to generalization. Journal of Behavior Therapy and Experimental Psychiatry 47 (2015) 34-41.

Khanrin Phungamla Vashum, Mark McEvoy, Abul Hasnat Milton, Patrick McElduff, Alexis Hure, Julie Byles, John Attia. Dietary zinc is associated with a lower incidence of depression : findings from two Australian cohorts. Journal of Affective Disorders 166 (2014) 249-257.

Florian Weck, Maria Gropalis, Wolfgang Hiller, Gaby Bleichhardt. Effectiveness of cognitive-behavioral group therapy for patients with hypochondriasis (health anxiety). Journal of Anxiety Disorders 30 (2015) 1-7.

Aviv Weinstein, Michel Lejoyeux. New Developments on the Neurobiological and Pharmaco-Genetic Mechanisms Underlying Internet and Videogame Addiction. The American Journal on Addictions, XX : 1-9, 2013 DOI : 10.1111/j.1521 0391.2013.12110.x.

Charlotte WESSLAU, Regina STEIL. Visual mental imagery in psychopathology. Implications for the maintenance and treatment of depression. Clinical Psychology Review 34 (2014) 273-281.

Nichole L. WOOD-BARCALOW, Tracy L. TYLKA, Casey L. AUGUSTUS-HORVATH. « But I like My Body » : positive body image characteristics and a holistic model for young-adult women. Body image 7 (2010) 106-116.

Jenny YIEND. Kirsten BARNICAT, Ernst KOSTER. Attention and emotion in Handbook of Cognition and Emotion, édité par Michael D. Robinson, Edward R. Watkins et Eddie Harmon-Jones. Guilford Press, 2013.

Virgil ZEIGLER-HILL, Avi BESSER. Humor style mediates the association between pathological narcissism and self-esteem. Personality and Individual Differences 50 (2011) 1196-1201.

Wei-Li ZHU, Hai-Shui SHI, Yi-Ming WEI, Shen-Jun WANG, Cheng-Yu SUN, Zeng-Bo DING, Lin LU. Green tea polyphenols produce antidepressant-like effects in adult mice. Pharmacological Research 65 (2012) 74-80.

COMPOSITION PCA
ACHEVÉ D'IMPRIMER EN FRANCE
PAR CPI BUSSIÈRE
À SAINT-AMAND-MONTROND (CHER)
POUR LE COMPTE DES ÉDITIONS J.-C. LATTÈS
17, RUE JACOB – 75006 PARIS
EN JANVIER 2016

N° d'édition : 01 – N° d'impression : 2020086
Dépôt légal : janvier 2016
Imprimé en France